飛雲山人　看相的故事　第5集

目錄

第一部 細談面相

第二部
細談手相

第三部 簡單易記的看相術

第四部 看相實例

第一部

細談面相

01 論相先從耳朵說起

人生七十古來稀，以前的人過了六十大壽就要做老太爺、老奶奶了，不想勞動，家裡瑣碎的事都應由晚輩或佣人接辦，不必自己動手動腳。卻不知「活動、活動，要活就要動」，因為手腳活動能使體內血液循環通暢，器官繼續運作不致衰竭，壽命於是延長。所以現代的老人家即使不做家事，也要每天外出散步，因為散步是最基本的運動，也是最適合老人抗老的運動。

在面相上觀察壽命的長短，首要看耳朵。古代麻衣相法《神異賦》中有云：「明珠出海，太公八十遇文王。」「太公」是指姜太公姜子牙，周文王遇見姜子牙時，姜子牙已經八十歲了。「明珠」就是指耳朵下方的垂珠，「出海」的

「海」是指嘴巴大海。而「明珠出海」，就是形容耳朵的長度垂珠底線超過嘴巴。也就是說：耳朵長的人壽命也長。並不是指姜子牙過去懷才不遇，挫折連連，到八十歲以後晚運發達，擔任周武王時代的伐紂元帥，完成湯武革命。

耳朵為感覺器官，除了聽覺神經接收外來聲音的震動，還是腎臟的表徵器官。腎臟有問題，兩耳的氣色就會呈現暗滯，甚至嚴重的發黑。有人早晨運動時會拉耳朵，並不是拉長耳朵就可以增長壽命，而是這麼做能刺激腎臟神經，使血液循環順暢，增強腎臟功能，有助健康。

因此，兩耳長厚、氣色紅潤，便是身體健康的表徵。

兩耳在相學流年部位代表一至十四歲的運勢，左耳一至七歲，右耳八至十四歲（有些女性先右後左），這正是國民受義務教育的年齡。政府供應國小及國中學生營養午餐，用意在培養國民基本的健康。但仍有部分家庭富裕的家長過分重視或溺愛子女，唯恐他們營養不足而加以進補，吃維他命、吃營養晚餐，甚至宵夜，放任他們超量滿足食欲。且不禁零食，以致國小、國中學生有很多體重過重、身材過胖的現象。

如今我們都已知道身體過胖不是福，容易犯血糖高、三酸甘油脂高、血壓高或膽固醇過高等毛病，家長和老師們必須多加注意勸導控制飲食和多運動。

耳朵外圍邊緣稱「輪」，裡邊一層軟骨稱「廓」。輪廓特別分明、微微凸露者，個性都比較外向，愛活動，較能勝任公關工作。耳朵輪廓比較模糊者，則比較內向，適合擔任靜態工作。

女性如果耳朵內層軟骨（廓）過分凸出，甚至凸出於外輪之外，形容為「輪飛廓反」，便具有叛逆的性格，脾氣暴燥，往往為反對而反對，不問是非對錯。從前這種面相被認為是女性的大忌，被判為刑夫尅子惡婦的典型。這可能是母體受孕時遇到極度驚嚇恐怖的強暴，在懷孕期仍痛恨難消，所以影響到胎兒正常發育，因此耳朵輪飛廓反，或眼睛露三白、四白。

耳朵的形狀向臉外張開，消息靈通，也喜歡探聽新聞，最宜從事媒體業；耳朵向後貼腦，所獲得的消息只留供自己參考之用，所以比較能守密。

耳朵上有痣，如是色澤鮮明的善痣，象徵聰明孝順、深受師長喜愛；如係灰黯色的惡痣，則有負面的品德或惡行。

現代有很多單親家庭的孩子，因父母離異而缺乏完整的親情愛護，很可能左右兩耳厚薄有稍微的差異。耳朵受傷留下明顯的疤痕，當不利於發育期的成長，或將遭受重大的挫敗。

耳孔中生出幾根毫毛稱「耳毫」，象徵添福增壽，不可剪掉。

02

上庭前額

相命學是中國古代的人性統計學，不但科學，而且包含哲學。因為很多人不懂、不信，最後反淪為江湖賣藝糊口的工具，加以唬神弄鬼，以迷信騙財，所以受大眾排斥。其實，如果將其系統化整理，將可發揮人生知己知彼的實用價值。

在面相學上，將面相分成三庭，自髮際至眉毛上方的前額稱「上庭」，象徵十五歲至三十歲青少年時期的運勢。從眉毛至鼻準頭為「中庭」，象徵三十一歲至五十歲中年時期的運勢。自鼻準下的人中至下巴為「下庭」，象徵晚年的運勢。

前額豐隆、氣色明潤、沒有皺紋，表示青少年時期一帆風順，求學就業都能遂願。如有橫的皺紋，最好是三條整齊無缺，上條是上司長輩提拔，中條是自己努力，下條是晚輩部屬擁戴；如靠選舉起家，更需下條皺紋挺助。皺紋如亂，則表示辛苦勞碌，甚至喜抱不平多管閒事。

頭髮與前額形成不同的額角，如係圓形，比較保守也好靜。女性的橢圓形額角表示性格柔順，只是若太相信別人將容易吃虧。桃尖形額角，藝術氣質較重，做事粗中有細，也比較任性。方型額角，具有處理實務能力，若為女性，就有男性性格，適做職業婦女，或可任主管。

前額的正中部稱「官祿宮」，象徵事業的順遂。如有豎直的皺紋，為人固執武斷。豎直紋長且深表示固執，甚至有神經質的傾向，以致處事方式他人無法瞭解或認同。豎直紋如是多條，遇事深思熟慮，反而不易決斷。

如果官祿宮有少許凹陷，或有色澤暗滯的小痣，往往會遇到無能的上司嫉忌你的才華，無緣無故找麻煩，阻礙你的晉陞，或因此激起你傲上或犯上的性格，瞧不起頂頭上司。

官祿宮的左右兩側上方微微隆起，稱「日月角」，為父母宮。氣色明潤，表示父母健康；氣色青黯，表示父母疾病纏身。此外，這個部位若有惡痣或傷疤，都會傷到父母，可能早走一步往生。

眉頭上方為「交友宮」。常言道：近朱者亦，近墨者黑。交朋友要擇交益友，若交友宮有缺點，如傷疤或惡痣，便容易常吃朋友的虧，受到欺侮或欺騙，例如向熟朋友的店購物，不但沒得便宜，反而價格較貴或品質較差。

眉尾上方交友宮外側為「福德宮」，如有缺點，一生勞碌辛苦，難得清閒享福，經常事業得不償失。

左右額角為「遷移宮」，在國外貿易、留學、旅遊是否順利，要看這兩部位的肌肉是否豐隆、氣色是否明滯。如有缺點，便屬不宜。如發現青黯氣色從此部位蜿蜒而下，象徵國外貿易投資失敗，或受遠方消息影響而破財。現代電話通訊方便，無論身在何處，都可以電訊通知處理。但氣色變化是預警式的，事情未發生而氣色已預示成敗順逆，所以學會觀顏察色，就能多一分勝算。

03 中庭眉、眼、顴、鼻

面相的中庭，是指從眉毛至鼻準的底線，象徵中年時期的運勢。

眉毛的長短粗細，代表感情的濃厚淡薄，也象徵兄弟姊妹的多少，所以也稱「兄弟宮」。從前根據眉毛可以推算兄弟姊妹人數，如今實行節育避孕，已不能算數。

現在以眉頭象徵感情、眉尾象徵理智仍屬有效。有人眉頭濃密而眉尾稀缺，往往因感情用事、理智控制不住，在三十三、四歲時鬧失戀、外遇、離婚而遺憾終身。

眉毛的形狀像「一」字形，性格剛直，說一是一，踏實不二；如果眉毛彎彎像初弦的月亮，性情就比較柔和，富藝術性而可從事藝術工作。

眉尾如向上翹，英雄氣慨，膽大勇為，愛管閒事，好打不平；眉尾如向下垂，雙眉像「八」字，膽小怕事，能推就推，能拖就拖，認為多一事不如少一事。眉毛淡而短，親情也疏而薄。

眉毛怕受傷而中斷留疤，左眉傷兄弟，右眉傷姊妹。眉毛中生出一、兩根長毫，稱「壽毫」，象徵增福添壽，要好好保護，不可剪掉。

接下去走眼運，自三十五歲至四十歲流年運，以其中三十七、八歲的眼瞳運比眼頭眼尾為好。

眼睛大，領悟力強，感覺敏銳，興趣比較廣泛，個性也比較外向；眼睛小，為人小心謹慎，個性比較保守，不輕易動感情。

如果眼睛一邊大一邊小，形成雌雄眼，運氣的起伏就較大，好的時候很好，壞的時候便壞。若是男人，很多都是怕老婆；女性則很大膽。而且左眼大的比較好，右眼大的比較差。

眼睛的眼尾朝上翹或向下垂，象徵勇敢或懦弱；眼睛的凸露或凹陷，象徵健談或寡言，如果是極度深凹的金壺眼，要錢不要臉，就非常可怕！

眼睛中央黑瞳大的人，穩重可靠；黑瞳很小，形成三白眼或四白眼，私心重，容易任性殘忍，宜習醫外科，從事開刀解剖手術不會手軟，而且成功成名，成為權威醫師。

雙眉中間為鼻子的起點，因形容鼻子為山，所以該部位名稱為「山根」，又稱為「命宮」，為生命的第一關隘。

山根宜豐隆，不宜有橫斷的皺紋破裂。山根斷裂會影響生命力，且傷配偶，古稱尅夫或尅妻。山根如果有色澤光亮的善痣，從前形容為「雙龍搶珠」，男性飛黃騰達，步步升遷；女性恐陷於三角戀愛，難抉取捨。如係灰黯惡痣，則易外遇失婚，破壞家庭。

雙眼之間如有黑痣，稱「雙鳳朝陽」，顧名思義，就知有妻妾爭寵的家庭糾紛。現代婚姻主張一夫一妻制，不允許豔福納妾，重婚則屬犯法行為。

眉毛與眼睛之間為「田宅宮」，應保持一根手指的距離。田宅宮為象徵擁有固定資產房屋及土地，也象徵公共關係人緣。田宅宮過寬的人缺乏主見，容易受詐騙破財；田宅宮過窄，性急不能持久，往往得不償失。田宅宮如有斜而很細的皺紋，往往會住進漏雨的房子；如有黑痣則會遇到莫明其妙的事情。雖然有人認為雙眼皮比單眼皮美豔，但雙眼皮容易傷及田宅宮，反而有礙人緣。

眼尾的外側部位稱為「夫婦宮」（從前稱「妻妾宮」），眼尾的皺紋稱「魚尾紋」。魚尾紋多，從前形容為異性緣好，因此才有「妻不如妾，妾不如偷」的謬論。現代稱魚尾紋為「勞碌命紋」，交代別人做事卻不放心，還要親自去檢查，所以別人不願意替你做事。眼尾有痣，比較難拒絕異性的誘惑，外遇成真；女性則喜歡嫁較自己年輕的夫婿。

面相中庭的中心是鼻子，鼻子的長度恰好占臉長的三分之一。鼻子較短的人，遇事不願考慮過多，很容易草率迅下決定，因此錯誤難免，但也會把握機會而獲成功。如鼻子的長度超過臉長的三分之一，就有遇事考慮過多、猶疑難決的毛病，往往錯失機會，事後空有遺憾。

鼻樑又名「健康宮」，在鼻樑上部如有黑痣，象徵消化系統障礙、胃有毛病；鼻樑下部如有黑痣，是腸的毛病，很可能便秘或痔瘡。

鼻子的底部稱「財富宮」，中間是鼻準頭，象徵正財，流年應四十八歲，是事業升級的關鍵年。鼻準的左右為鼻翼及鼻孔，鼻翼為財庫，也象徵收入。鼻翼愈大、豐隆多肉，表示財源充沛，除正財收入，尚有副業收入，庫存豐足。而鼻孔大則表示支出多，用錢大方。如果鼻準、鼻翼無肉而鼻孔朝天仰露，那是窮鬼纏身，要想積蓄財富可難。

鼻子好還得左右兩顴相配，正如牡丹須有綠葉相扶，所以兩顴也要豐隆，才能相得益彰。如顴上有痣，善痣加分，惡痣扣分，容易失權或願望難達，好機會擦身而過，為之奈何！

04

下庭人中、嘴巴、下巴

面相的下庭是從鼻準下至下巴，象徵五十歲以後的運勢，也稱晚年時期的運勢。鼻準下通往嘴巴的直溝稱「人中」，人中如明顯而深長，便是長壽的壽徵，喜歡幫助別人，深信助人為快樂之本。人中也是生命的關鍵點，象徵生命力、疾病的抵抗力，人若昏迷，也都是按人中使其清醒。有人遭車禍撞斷人中，雖經醫治修復並無疤痕，但到五十一歲仍過不了關，蒙主恩召榮陞天國。

人中的兩旁是仙庫、食倉，這些部位寬大的人，選購住宅必以廚房和餐廳寬敞為首要條件。如有漆黑光澤的善痣，平時講究飲食的美味和營養，有時喜歡親自掌廚招待親友。倘痣呈灰黯惡痣，不但沒有口福，還恐「病從口入，禍從口出」，言語傷人不流血比流血傷人更可怕。

虛歲五十六、七歲運走法令紋，是晚年期轉機高陞的年齡。法令紋中藏漆黑小痣，確有步步高陞的可能。如是惡痣，不但地位有失，或名譽受損，冤枉莫明。

法令紋最忌彎入口角，從前的說法是「鄧通餓死野人家」。鄧通雖擁有銅礦可以自行鑄錢，但最後銅礦被充公，仍難逃餓死的命運。但仍有化解，如做了大善事，好比救人一命，嘴角會另生一紋擋住入口，稱為「龍入大海不致餓死」。現代口腔、食道、胃部癌症，也有騰蛇入口惡相，唯現代醫藥科技進步，可開刀割除癌細胞，人定勝天，比龍入大海更有效。

法令紋外側稱「面頰」，面頰豐滿比瘦削的運氣好。有的人笑起來面頰有可愛的酒窩，並不代表酒量好，只是有利於建立公共關係。但忌為冤枉破大財，所以要特別謹慎，可別大意失荊州。

六十歲花甲之年運在大海嘴巴，不但包括上下兩片嘴唇，尚包括嘴裡的牙齒、舌頭、喉嚨。牙齒潔白整齊的運氣好，參差尖銳的運氣就差。舌頭也有長有短，長的比短的好。中國古話「沉默是金」，話說多了影響財運。不過現代名嘴演講都有收入，但言多有失就免不了被攻擊，言語傷人更損口德。

有的人年滿六十歲就退休，那是下唇下的承漿部位，這部位如有黑痣，酒量確是很大，但一生中必有一次腸胃中毒的大病。

下巴為「管理宮」，象徵部屬、佣人、子孫的運勢。現代人雖然都長壽，但因結婚遲、生育晚，所以五代同堂已罕見。下巴有善痣，表示孫輩孝順，肯用功讀書做事；家裡如有佣人，也乖順勤勞，部屬也盡責做事。如係惡痣，便有負面的事情發生，可能被部屬匿名控告，所以宜美容除去。

下巴雙層，象徵住家房子有兩棟以上，兩層下巴並非營養豐富，而且修養成功。兩頰瘦削、下巴尖短的人，晚年生活空虛寂寞，內心頗多怨恨。現代公教人員退休年齡為滿六十五歲，也在下巴範圍。

第二部

細談手相

05 生命紋

從手掌上的掌紋可以測知生命的許多奧妙。不知道是誰最早發現，在中國和歐洲都有掌紋學，可見很早以前就有人研究。我是在民國四十八年才開始相信這門科學，當時有位保警同仁替我看手相，我們過去並不熟，但他居然可以憑我的掌紋分析出我的個性，使我感到驚奇。我問他是從哪裡學來的，他說是從書上學來的，我向他借書，他不肯借，要我自己到書店去買，我從此就迷上了手相學。

十年以後，我看了數本手相學，也學會怎麼看手相。這時，一位雜誌編輯朋友向我索稿，我於是問他要不要看手相專題的稿，他一口答應，這就是我第一部《從手相看人生》的著作。我也替自己起了「飛雲山人」的筆名，因為我的家鄉有一條飛雲江，我家就離飛雲江不遠。想不到這筆名追隨我四十多年到今天，已出版了三十多本著作。

掌上從虎口大拇指與食指之間垂下半弧形掌紋，稱「生命紋」。生命紋象徵的是生命力，所以生命紋的長短並不代表壽命的長短，但生命紋的弧度卻象徵生命的盛衰，弧度大生命力強，弧度狹生命力弱。生命紋粗細深淺，也各有所主，像生命紋中途如有一段較細較淺，便象徵那段年齡身體虛弱，呼吸或消化器官多病，到四十歲後才會恢復健康。

在生命紋內側有條較細的類似生命紋，稱為「內生命紋」，具有保護

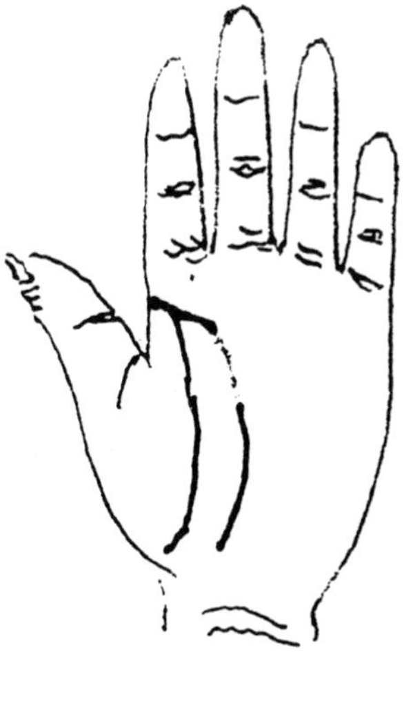

生命的作用。例如有人遇上車禍，同車的人有傷有亡，他卻無恙，有人會說這是祖上積德，所以內生命紋又稱為「祖德紋」。還有類似、卻更細、若隱若現的「痴情紋」，表示內心尚戀念另一位異性。

生命紋起頭在虎口，即食指的下面，位置接近食指，個性剛強大膽；位置接近大拇指，個性比較懦柔。生命紋開頭如是島紋，象徵生世的祕密，如非婚生

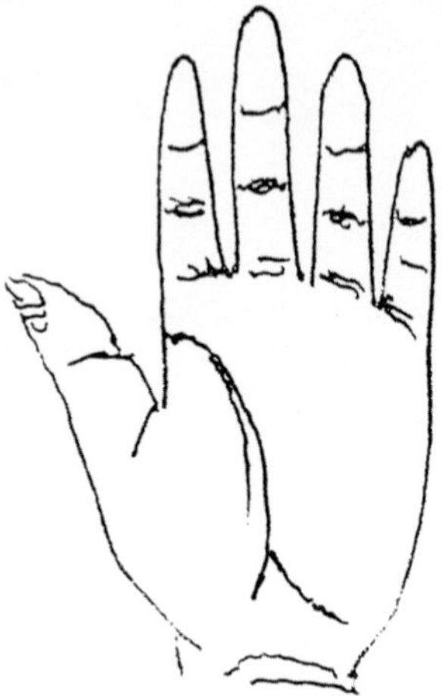

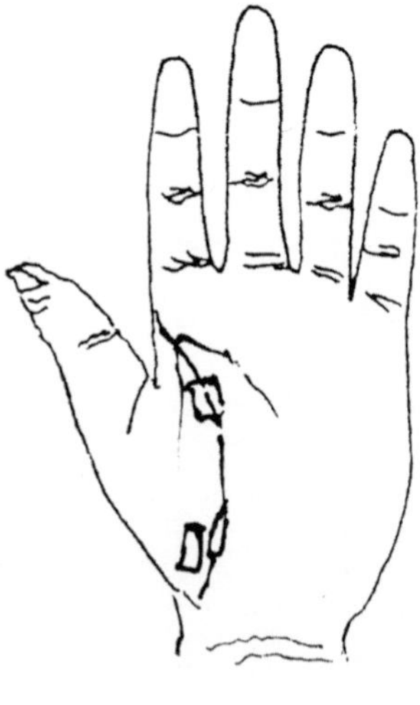

子、父不詳等。生命紋初段如像鍊形，表徵幼年多病，呼吸或消化器官都比較衰弱。

生命紋上如有斷裂，象徵流年遇有車禍或衝擊危險，要有副生命紋或方塊紋保護。生命紋上有島紋，象徵因病住院治療；生命紋尾部有大島紋，往往是糖尿病的表徵；生命紋外的方塊紋則代表因宗教信仰自我坐關或因犯案牢獄之災；生命紋分岔走向對方掌邊，往往會跟隨兒女移住國外，落葉不歸根。

06

生命紋、健康紋、不測紋

生命紋的深淺長短並不代表壽命，象徵的是生命力的強弱。我有位朋友的太太，她雙掌的生命紋都只到掌心，但現已八十多壽，唯在她五十多歲以後，就患了巴金森氏症，四肢顫抖，肌肉僵硬，全身無力。國外研究，巴金森氏症是腦部的多巴胺和乙醯膽鹼失衡所引發，最近又說是腦部血液缺乏胰島素，就像腦部的糖尿病。如果研究試驗成功，對病患將是一大福音。不過生命紋尾部分岔而形成島紋，就可能是糖尿病的病徵。

中國手相稱感情紋為「天紋」，象徵為父；稱生命紋為「地紋」，象徵為母。所以如有兩條生命紋，表示可獲得兩份母愛，除生母外，尚有姨母、姑母、伯母、嬸母或養母，必能獲得另一人像母親一樣的愛護。且生命力特強，遇災難可以化凶險為吉祥，慈母積的功德，讓你獲得福報。

生命紋的弧度大，體力就愈壯健；生命紋像垂直而下缺乏弧度，身體也就羸弱。我們都知道要活就要動，如果有車就不想走路，面對電腦就忘了上廁所，必定招惹病魔上身，晚年患得老人失智症，或攝護腺肥大，膀胱無力尿失禁。這都是因為年輕時貪懶，懶得走路、懶得上廁所、懶得理會運動為延年益壽之本及預防勝於治療的道理。

上文提到兩條生命紋，粗細

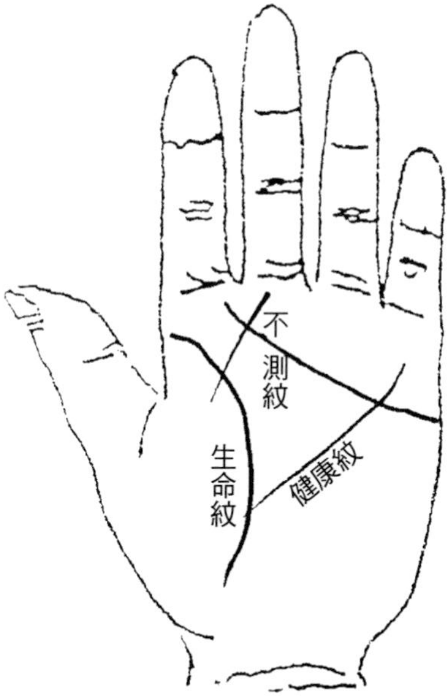

是差不多的，其中一條又稱「內生命紋」，有著加強生命力、保護生命的功效。如果紋路很纖細，距離生命紋較遠，則是「痴情紋」，暗戀著舊情人痴痴難忘。

從小指下面斜向生命紋尾部的紋稱「健康紋」，健康紋的出現，象徵要注意健康。健康紋上的島紋表示有慢性病，健康紋過長切斷生命紋，代表健康問題已威脅到生命，更要加強注意。很多人沒有健康紋，即表示健康沒有問題。

從中指下面的土星丘有一條豎直線，頭粗尾細地向下，衝過感情紋，切斷生命紋，稱「不測紋」。這種人自卑感很嚴重，缺乏自信，如遇失望、失敗、失業、失戀、自認沒有希望東山再起，便有不如自殺的念頭。做父母的如發現子女有不測紋，就要加強輔導，培養其積極、樂觀、自信的心理，不怕挫折或失敗，唯有愛可以消弭不測紋於無形。常言道：留得青山在，不愁沒柴燒。自殺不但解決不了問題，反而增加別人的更大問題。

07

感情紋

感情紋象徵感情，它的首端在小指的下方，如果像箭羽向上向下都有射線，為人就非常熱情；如果只有向上的射線，表示富有機智。整條感情線都有向上的支紋，為人樂觀積極，自信心很強。為恐過於自信，自視為高人一等，固執自己的主張，不願接受別人的意見，萬一錯就錯到底。倘整條感情紋都是向下的支紋，則很重視別人的意見，甚至忘了自己的立場，肯幫助別人。

如果感情紋的尾端不是向上翹而是向下彎，觸及生命紋及理智紋的首端，可能為宗教或別人不惜付出一生或一切。這在天主教修女或佛教尼姑的手相上可以看見。如果感情紋整條像麻花似的由很多小島紋串聯成的鍊紋，那是會處處留情的濫情紋，看似多情又無情，卻不是很專情。

感情紋如斷裂，象徵感情會受挫折或打擊，斷裂處如有方塊保護紋保護，能夠化險為夷，使破裂的感情獲得修補，好比破鏡重圓。

感情紋破裂或島紋也可能是心血管疾病的病徵。中國手相稱感情紋為「天紋」，天紋象徵父親的健康及得自父親的遺傳。如果感情紋優秀，表示遺傳優秀，會有很多優點像父親。感情紋若有斷裂，就可能父子兩代都是心血管疾病的患者，要預防高血壓、中風，或心肌梗塞。

感情紋如是由數個段紋組成，消化系統恐有

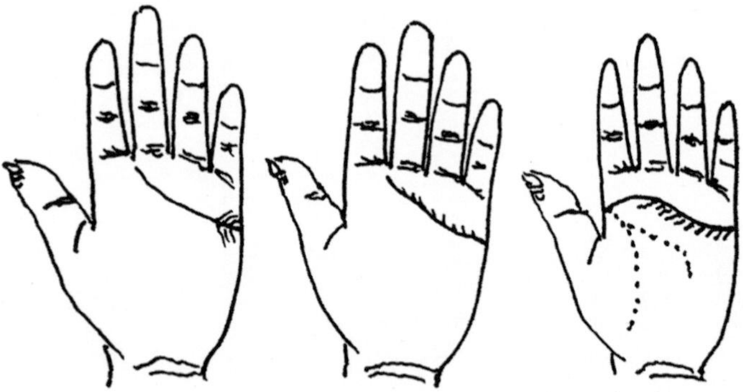

問題，也可能遇有數次戀愛的機會。這種人男性英俊，女性甜美，個性上起伏很激烈，如喜歡的異性太多，反而影響正常的婚姻。平時應重視飲食正常，不可暴飲暴食，切記不近菸酒，交友不宜厭舊貪新。

感情紋的尾端以進入食指及中指之間為適中性格，這種人不太熱也不太冷，經常保持恆溫。如果感情紋延長，尾端進入食指下面或另有分岔紋進入食指下面，這種人的感情就偏重於精神（心靈）層面，愛得深切，可能占有慾也強，不希望另一半對別的異性讚美、關心或太接近，妒

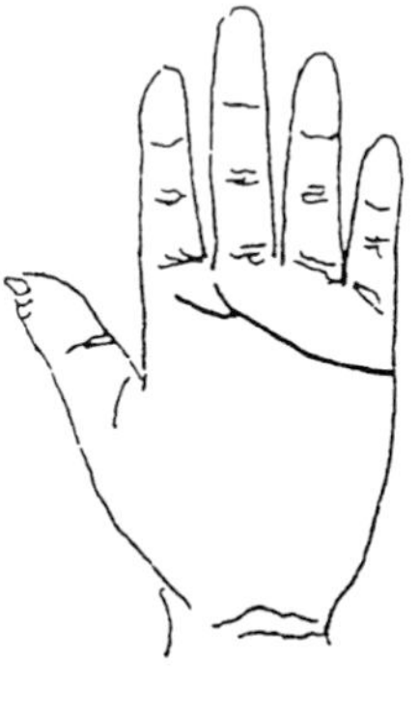
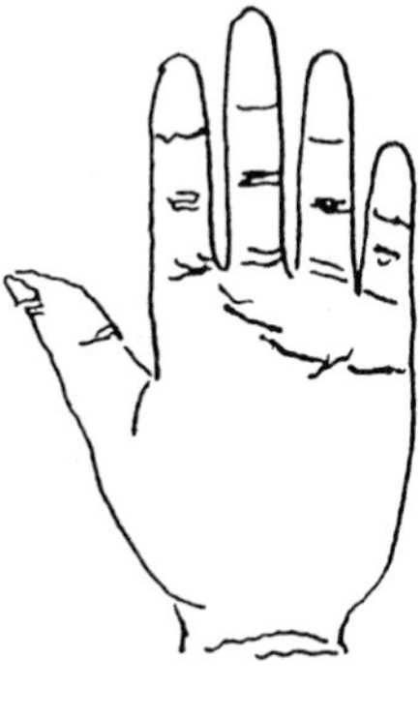
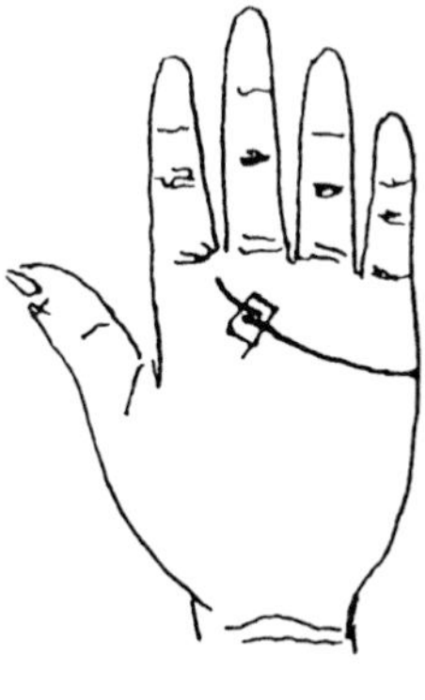

忌心容易引起誤會，便很難善後。

感情紋短，只到中指以下，就偏重肉欲，認為愛就要做，犯下強暴還說是愛的具體表現，吃上官司仍不知悔改。這種人在床上的海誓山盟愛得要死，但下了床後便忘得乾淨，只愛自己，所以很自私。

感情紋的位置高低，也表示用錢氣度。位置高，用錢比較大方，也容易浪費；位置低，比較接近理智紋，因受理智的干預，用錢就比較節省小氣。感情紋如是雙重，非常熱情，膽大心細，手腳靈活，可以練特殊技能。比如航空駕駛、精密機械修護技師等，是社會上比較少見的特殊人才。

08 理智紋

中國的手相學中，最重要的三條紋，就是天紋、地紋、人紋。天紋就是感情紋，象徵父親；地紋就是生命紋，象徵母親；人紋就是理智紋，象徵自我。

我曾看過一個人的右掌，竟沒有人紋。這不能說此人的後半生沒有自我，只能說他的後半生憑感情用事，缺乏理智的控馭，更需要另一半賢內助的幫忙，決定人生的一些大事。

人紋、理智紋的位置高低，象徵個性的強弱，如果接近食指的根部，就容易剛強衝動。理智紋的開頭與生命紋的開頭有距離，是行動派，說做就做；理智紋的開頭從生命紋岔出，是猶豫派，凡事經過考慮才決定；理智紋開頭與生命紋開頭結成一線，久久才分開，就可能猶豫難決，考慮過多。

理智紋的開頭為一島紋，象徵出生的祕密，可能是未婚生子或父不詳。理智紋的尾端是一島紋，可能老年患失智症，連自己是誰都忘記。所以平時要多用腦、多走路，輕輕敲打頭部，保持腦部血液正常流通。

理智紋從木星丘太陰丘斜下，代表智能與性格，如果紋路平直，性格也就剛強爽直，有正義感和自己的主張，肯力行、實踐，不畏挫折失敗；如果紋路彎下，性格就充滿著幻想。

如果理智紋特別長，彎到太陰丘掌邊，便能創作小說、戲劇，成為文學家或

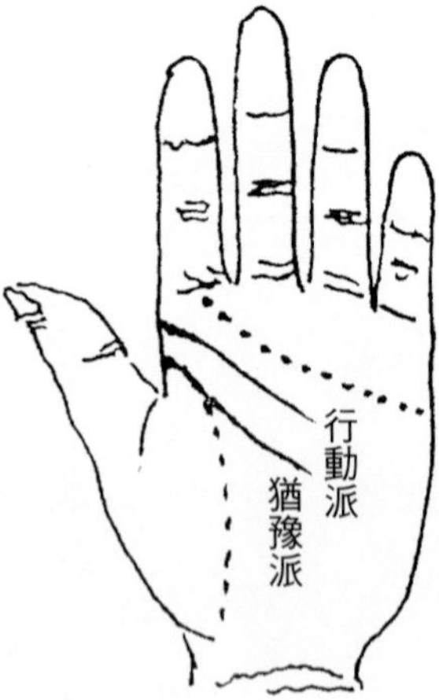

文藝家。

理智紋尾端分岔，代表會想又會做，計畫靠著努力實現終於達成。如果尾端分岔多條像樹根，必是多才多藝，能從各方面吸收能力，知識豐富，經驗充實，可以成為良好的政治人物或企業管理人才。

理智紋上如有黑點或島紋，係腦神經衰弱，或有頭痛毛病。每天以手爪敲頭頂，以手掌拍後腦，以手指敲太陽穴各一○八下，可治頭痛。成年人做這種動作，可以預防老人痴呆症。

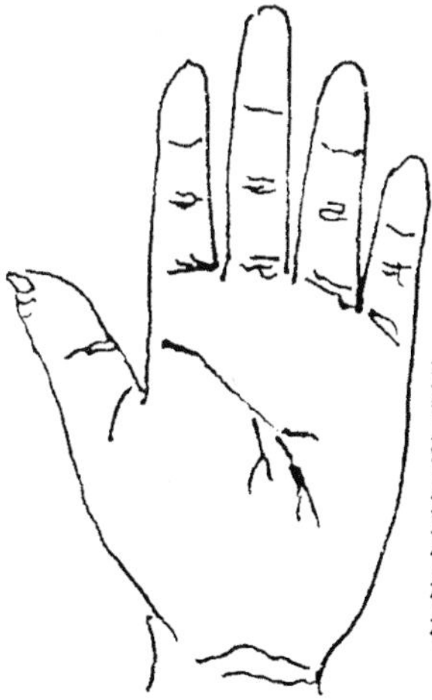
理智紋尾端像樹根

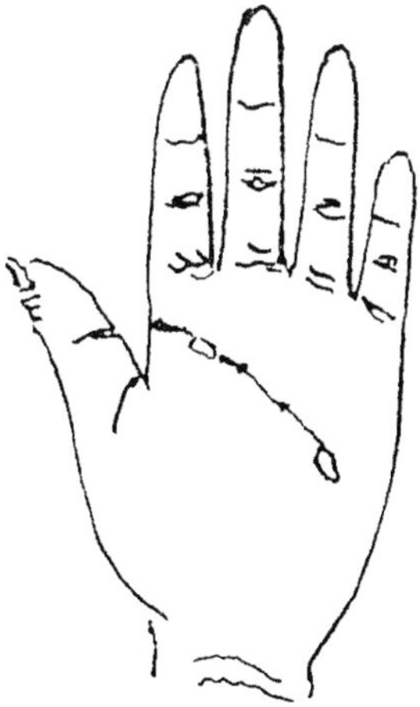
理智紋上有島紋

小孩子食指下面的理智紋如有島紋，腦部發育比較遲緩，因此學話認字也比較遲緩。做父母的可以教他玩中國算盤，十指指尖連腦，可以促進腦部自然發育。千萬不要相信那句廣告詞：「別讓孩子輸在起跑點上」，強迫孩子死背硬記，有損腦部的正常發育，並不是好事。

09

命運紋

讀書作事要好才會好；創業守成知難就不難。

這是我練毛筆字最喜歡寫的一副對聯，也是人生努力的一個指針。一個人的人生運程如能一帆風順，該算是最大的幸福。要想知道自己一生運程演變，在我們的手掌裡，從掌底直上中指指根的豎紋便是命運紋，也有稱它為事業紋，象徵一生的命運起伏事業進展。

命運紋在掌中心為二十五歲，與頭腦紋交會為三十五歲，與感情紋交會為五十六歲。如果命運紋衝過中指指根而直達中指指端，必是政黨的領袖人才。

也有人沒有命運紋，但絕不是沒有命運，而是缺乏事業企圖心，只希望平凡、平淡、平安地過一生。在從前，很多婦女是沒有命運紋的。

命運紋靠近掌底部位，象徵求學階段，如出現島紋，往往是留級或休學的紀錄。初進社會就業，命運紋出現向下分岔紋，像樹根、像叉紋，表示從最基層做起，如名義上為工友、服務生、臨時雇員。以後經過考試，才晉入正式編制，慢慢由辦事員、科

命運紋斷斷續續

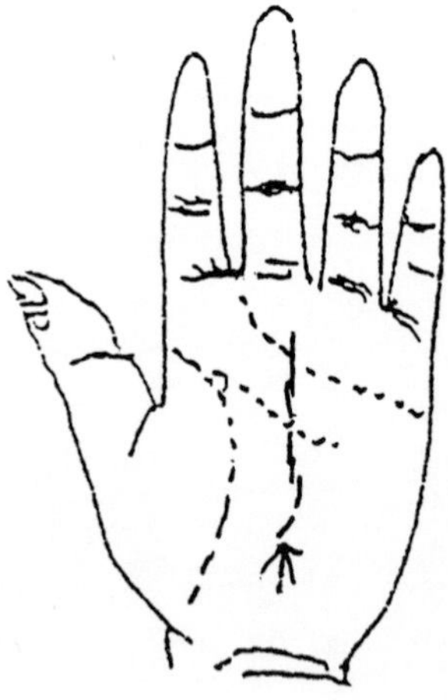

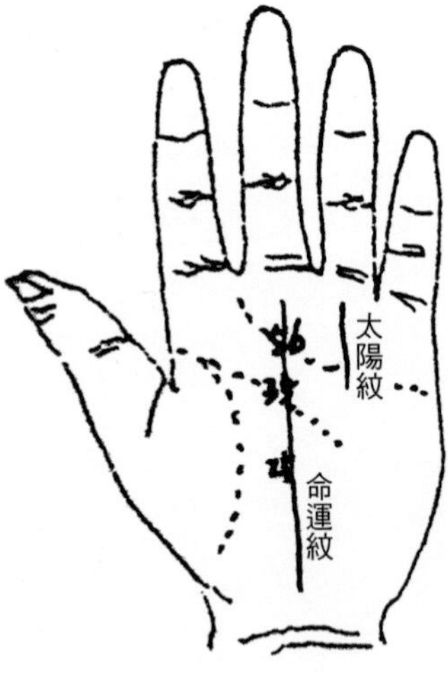

員、科長往上晉昇。如果命運紋升到頭腦紋就停止，表示因感情問題或情緒的衝動而放棄事業，離開工作崗位，也可能是提早退休。

頭腦紋或感情紋上如有另起的命運紋，表示憑自己的努力轉換跑道、東山再起，經營另一番事業。命運紋斷斷續續，象徵工作不穩定，常常換跑道或工作環境。運氣好的愈換愈好，地位遞陞，收入增加；運氣不好就每況愈下。

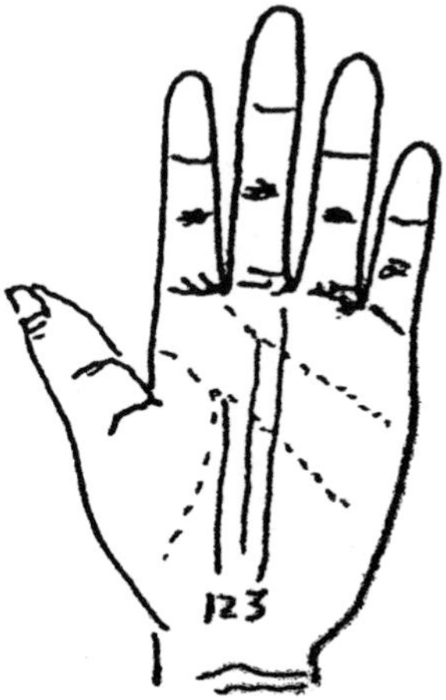

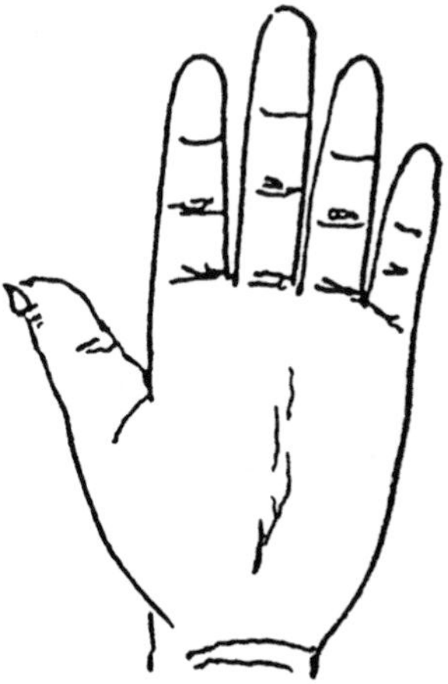

有的人命運紋不只一條，而有並行的副紋，象徵除了本業外尚兼營副業，或除本職外尚有兼職，有雙重的收入。如果副紋勝過本紋，副業的收入比本業更豐盈。

命運紋出現向上的分岔紋，象徵婚姻（配合小指下方的婚姻紋決定）喜兆，或係獲獎突增財富。如命運紋斷裂或出現島紋，就有被解雇、遣散、失業的危機。

命運紋的榮耀，還要靠無名指下豎直的太陽紋，有它的照耀才更增光輝。如果沒有太陽紋，事業的發展就顯見平淡。太陽紋如見雙條，成名的機會大，也可能「名高於位」，也就是聲名遠揚，比原有地位高；所謂聲名包括藝名與筆名。太陽紋過多，雖然多才多藝，但因熱力分散，反不易成功或成名。要記得堅持與有恆，才是成功成名之本。

10 結婚紋

結婚紋在小指下掌邊、感情紋的上面，短短的橫紋，有的人只有一條，表示從訂婚至白頭偕老，彼此只認定一人；結婚紋三、四條，並不是結婚三、四次，而是三、四條中必有一條較長的主線為結婚線，其餘只是戀愛或友愛，雖曾開花，卻無結果。從事性工作者如始終不從良，便沒有較長的結婚線，而且這些短線多而亂。

結婚線尾部發現分岔紋，可能是老夫妻晚年分房分床，應屬常態，不必擔心。結婚線尾部下彎，觸及感情線，象徵婚姻壽命較配偶長。如果尾部分岔且穿過感情紋，就可能離婚分居，無法白頭偕老。

二〇一一年四月廿一日，《聯合報》報導法新社研究，無名指比食指長的男性較吸引女性，且愈長愈有女人緣。據日內瓦大學教授卡蜜兒・費登茲率領的團隊研究：這可能與成人睪固酮的變化較為有關。

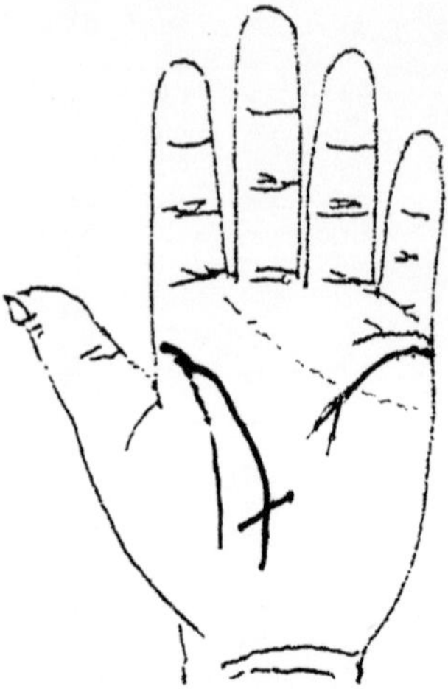

中國從前的說法是：食指為主，無名指為賓。如果食指比無名指長，表示富領導能力，在家裡為家長，配偶要聽他的領導；如果無名指比食指長，代表尊重配偶的意見，什麼事都以配偶的意見為意見，由配偶作主，被形容為「氣管炎」（妻管嚴）。所以女性選擇結婚的對象，以無名指較食指長的為佳，如果想夫唱婦隨，不妨找食指較長的配偶。

從前認結婚紋上向上的豎線為兒子紋，向下的豎線為女兒紋。但因實施人口政策，計劃控制生育胎數，這些子女紋已不能適用。生育容易養育難，一個孩子的教育費用儘管有政府補助也應付不了，多養幾個孩子更是難上加難。

手指中的小指，象徵子女的成就，一般都分三節，如果有四節，表示學力勝過學歷，雖然只有高中學歷，卻像是大學生，且不懼怕別人的攻訐，子女都很優秀。如果小指短而只有兩節，小時候就像孤兒，缺乏父母愛護，也吃不到母親的母奶，多由祖母或姑嫂扶養長大，自己結婚後所生育的孩子也都叛逆不聽管教。

在生命紋內側與生命紋並行的細紋為痴情紋，表示內心另有所思，痴情難忘。但並不結婚，只是精神戀愛而已。生命紋下段有短橫紋與生命紋交叉，會產生戀父（母）情結，喜歡年紀比自己大的異性，如該橫紋尾端成島紋，則由心理化作行為，而發生具體性愛行動。

11 反抗紋

智慧紋又稱「頭腦紋」，從大姆指與食指中間向小指下面伸延；而反抗紋是從小指下面掌邊向大拇指方向延伸的掌紋。這兩紋進行的方向相反，象徵頭腦的正面思考與負面思考，因此命名為反抗紋。

反抗紋的長短粗細，也象徵其反抗的程度。反抗紋細淺或不明顯的，反抗的心理便不強，對看不慣

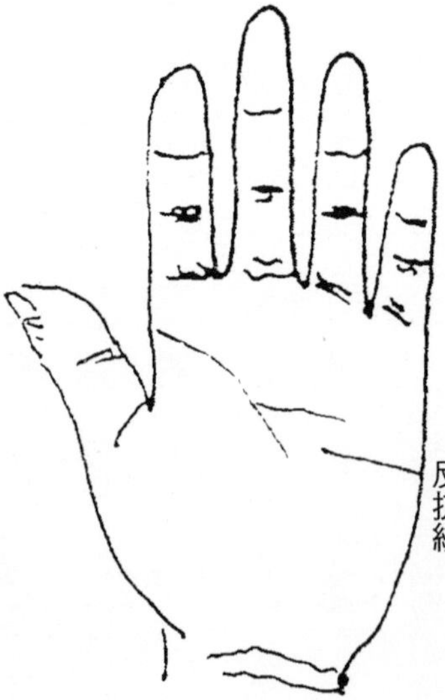

的事只會有輕微的不平或不滿，也許並不會形諸於言語或行動，或只皺皺鼻子就算出氣。如果反抗紋粗深，就可能在言語或行動上有所表示，在親戚朋友面前或公共場合批評論政，參加抗議活動或遊行。掌上沒有反抗紋的，事不關己就漠不關心，更不會去參加這些活動。

小時候就出現明顯反抗紋的孩子，對父母師長都會反抗，如教他做他不願意做的事，他就會拒絕或反嗆。記得已故人唐楚雄兄曾對我說：「太乖順的小孩，長大了在這惡劣的社會上會受人欺侮，因為他不會說不，或不敢說不，以致變得懦弱無能，不知辨別是非好惡！」所以，頑皮不聽話的孩子並不等於壞孩子，做父母師長的要聽孩子的申訴，為什麼要反抗？反抗有沒有道理？教導孩子分析事理，該反對的才反對，不能盲目為反對而反對。

一個人成長，除了心理狀態跟著成熟，掌紋也會跟著變化。反抗紋象徵當時反抗心理的強弱，這也是形成性格的一部分。沒有反抗紋並不表示沒有反抗心，但性格必然比較柔順，不會那麼倔強，抗壓的耐力也可能比較差。難得糊塗也有人認為是福氣。

「反抗」據字典釋義為「表示反對」，或做出抵抗的舉動。反對什麼？反對是否合理？有反抗紋還要看智慧紋，智慧紋深長明晰，沒有缺點、斷裂或島紋，表示頭腦清楚，事情已經過審慎評估，而係理性的判斷反對、反抗有理。如果智慧紋模糊，缺乏理性，不管愛情是對是錯，或只因為自己不喜歡，或收受主持人的代價，或為反對而反對，這類性格的反抗行動就很糟糕！

以前道德傳承是以儒家的和平處世為中心，期盼父以教子、師以教弟、長官以教僚屬、將帥以教士兵。強調服從為負責之本，行軍至河邊，如果指揮官不喊立正或轉彎，士兵就得前仆後繼往河裡跳。這不是服從，而是盲從，一般人受到委屈，便要「忍片刻，風平浪靜」、「退一步海闊天空」，所以以前孩子的掌紋很少見反抗紋。

可是現代的教育不一樣，服從要求合理化，絕不能盲從，因此現代孩子的掌紋見反抗紋的愈來愈多，這應視為社會進步的現象。不過做父母師長的，必須教導子女抗議要有正當理由，更要遵守法令與社會秩序。

12

旅遊紋

在反抗紋下面、掌底部掌邊，有一條或數條橫的或斜的短掌紋，象徵旅行遠遊機會，以前曾被稱為「出國紋」。以前出國旅遊的機會不多，所以很被重視；現在當經濟繁榮期，只要有旅遊的意願與預算，無論美洲、歐洲、東南亞、中國大陸，都可以遂願。

旅遊紋完整無缺，旅遊便能平安順利。如果有一紋中間出現島紋或黑點，預兆某一次旅遊可能遇到有驚無險的事故或

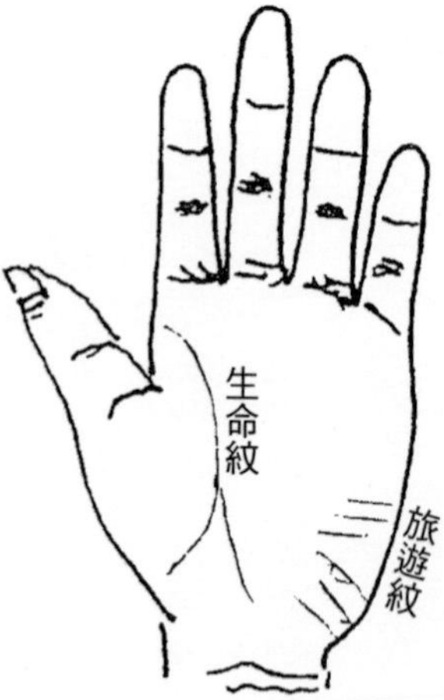

生病住院。

根據我自己的經驗，一次在旅美俄亥俄機場上空，飛機腳輪故障，在上空盤旋了近一個小時，待機中汽油耗盡，才降落以機腹著地，雖草皮因重磨擦起火，倖未成災。這時機場上的消防車、救護車、警備車林立，準備救急。飛機停穩後，機上乘客與機場群眾一致鼓掌歡呼，慶幸平安，讚賀駕駛技巧高明。

另一次是旅遊大陸，在西安機場感染流行性感冒，經過上海病勢加重，整夜咳嗽不停。翌晨到人民醫院急診，照X光注射先鋒一號消炎針，醫治了一個多星期，待回到台灣才痊癒。

我掌上旅遊紋的島紋，迄今仍明顯存在，成為個人旅遊的歷史紀錄。

在台灣被稱為「外省人」的，都是台灣光復後來台的人，過去都有落葉歸根的潛意識，希望能回去故鄉。但當時兩岸敵對，交通斷絕，最後只好在台灣成家立業，生兒育女，也在台灣生了根，台灣成為他們的第二故鄉。在這些外省人的生命紋上，尾部大多有分岔紋，這些分岔紋走向大陰丘，表示離開故鄉，在另地生活。旅行紋愈長，象徵離開故鄉愈遠，甚至可能老死異鄉。從前也許認為落葉不歸根是不幸，然而，現代人已沒有這種觀念。

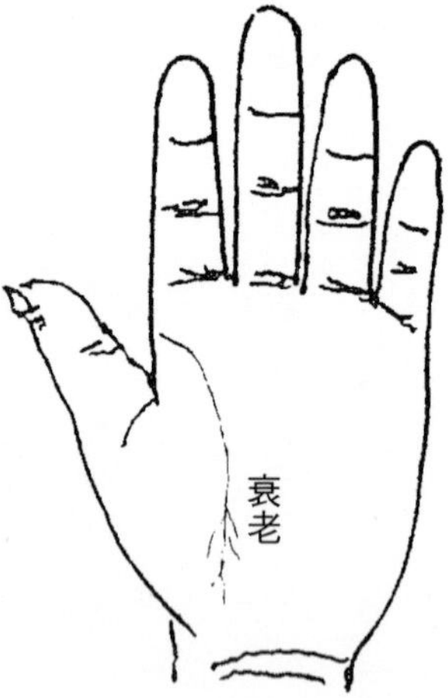

七〇年代，已故蔣總統經國先生的德政，讓台灣的外省人可以回大陸故鄉探親。有首唐詩：「少小離家老大回，鄉音無改鬢毛衰，兒童相見不相識，笑問客從何處來？」一家人初次相見多是抱頭痛哭，哪能笑得出來。台灣係海島性氣候，外省人住久習慣了，反難適應大陸故鄉的氣候；且這些人在台灣還留有產業及妻子兒女，所以多數人仍會回到第二故鄉台灣。

實際上，台灣的現住民除原住民外，都來自大陸的外省人，只不過是早來遲來之別。每逢選舉時，有些不長進的政治人物故意製造族群分裂，罵外省豬滾回大陸去，等於也罵自己的祖先，好不可笑。

13 太陽紋和成名紋

無名指下面的掌丘名「太陽丘」，在太陽丘部位的豎直紋稱「太陽紋」。太陽紋照耀著事業紋，使事業有光有熱。事業紋就是在中指下面的豎直紋，從掌心向上發展，穿過智慧紋和感情紋。因為有太陽紋的照耀，所以事業經營得有聲有色，光彩亮麗。

但並不是每個人都有太陽紋，沒有太陽紋並不是沒有事業，只是事業比較平淡，所以默默無聞。這跟個人的事業心、企圖心、

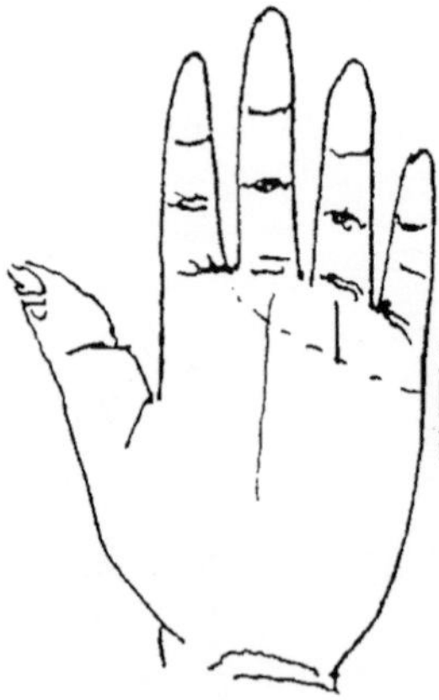

責任心有關，強烈追求進步，期望出人頭地，太陽紋才可能有所出色。

太陽紋如不是單條而是兩條平行，又稱為「成名紋」，凡從事研究工作，能將研究成果提出報告而被社會重視，或有著作出版，或有特殊才藝如：音樂、舞蹈、戲劇、書法、雕塑、繪畫等，在社會獲得名望，所以稱它為成名紋。

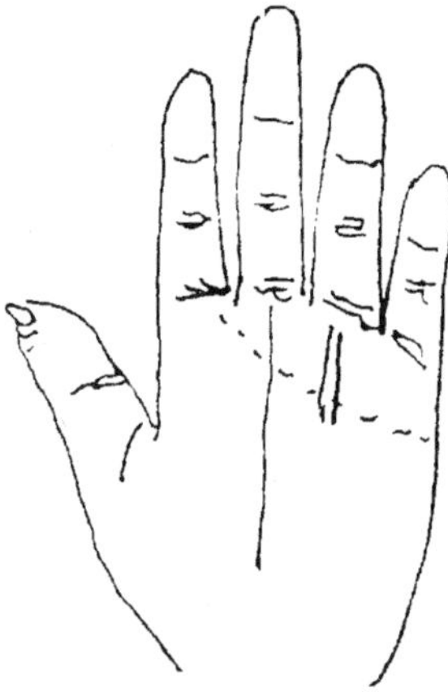

如果太陽紋不只兩條，而是多條，興趣很廣泛，武俠小說形容為十八般武藝樣樣精通，學習能力很強，學什麼像什麼，很快就學會。但因不夠專一，不能堅持到底，所以很容易樣樣稀鬆。

多才多藝，如不能擇一專精堅持到底，很可能一事無成。有時候並不是個人見異思遷，而是大環境造成不得不改行，所以要記得「有恆為成功之本」，做任何事如不能堅持到底，恐很難成功。

在感情紋上的豎紋，如不在無名指下，而是在小指下面的水星丘，這跟理財有關，所以有理財紋。但並不是為自己理財，而是為企業或機構擔任會計部門或財務部門的主管及主辦出納，所有收支傳票或支付的銀行支票，都要蓋他的印章。

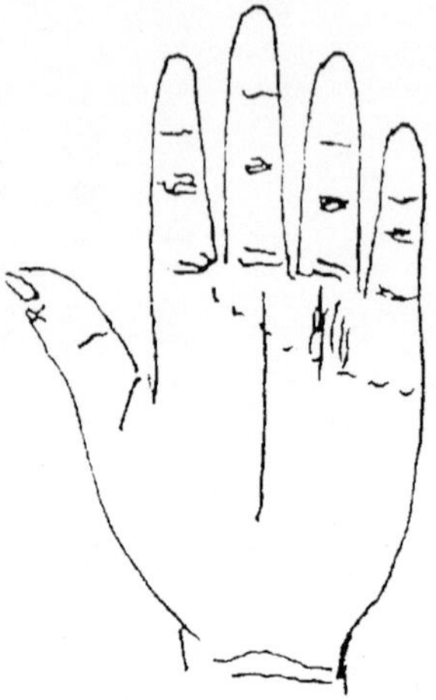
多才多藝

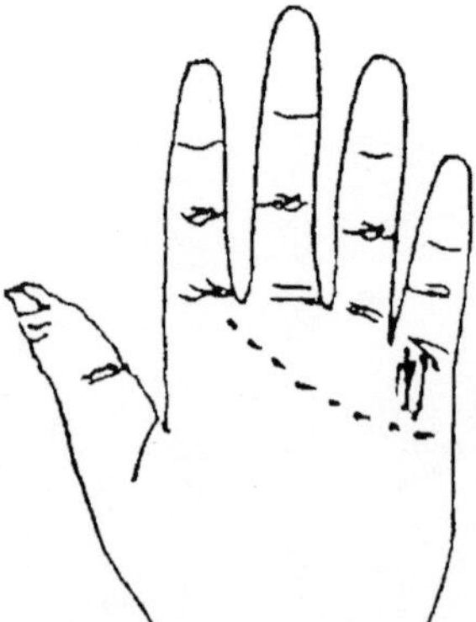
理財紋

雖說是理財，實際上只是「過路財神」，收進或支出的錢財都不是自己的。要問自己有沒有錢，就要看大拇指第二節的財富紋。

財富紋無論橫的直的斜的，愈多愈複雜愈有錢，這是儲蓄意願具體的表徵。財富紋可以分為上中下三段，上段象徵幼少年時就擁有財富，這或是祖上的遺產；中段表年輕時的所得儲蓄，如果有一條較粗的橫紋，在橫紋下面才發現財富紋，則表示結婚之後才能聚財；下段表示晚年的財富，如果沒有儲蓄的意願，將寅吃卯糧，甚至借債度日。大拇指第二節不見財富紋，便可能像王小二過年，一年不如一年。

14 一心二用與一心一用

暑期，豪茗的母親帶著豪茗回娘家，豪茗在外祖父家做暑假作業，他打開電視機，一面看卡通、一面做功課。外婆認為他做功課不專心，但豪茗的母親說：這孩子從小就養成習慣，一邊聽音樂或看電視，一邊做功課，好像並無影響，並沒有妨礙到學業。

專心做一件事可以做得更好，但也有些人可以一心二用，同時做兩件事，並不相互干擾。豪茗的父親是一家貿易公司的經理，他一面批閱重要文件或合約，一面與客戶接談電話，每天做的事可抵別人兩天或三天的工作量。豪茗可能得自父親的遺傳基因，所以能夠一心二用，不怕外界的吵鬧，也不覺得煩累。

可以一心二用的人的掌紋，生命紋的開頭與頭腦紋（理智紋）的開頭不相連接，性格直率，外向，不畏困難，也可能比較任性、固執。

另一類人的掌紋，頭腦紋的開頭與生命紋連接，在生命紋的中途才岔開分出。這樣的人只能一心一用，性格也比較猶豫、內向。當他專心做一件事時，怕吵鬧雜音分心，與人對話會看著對方，也希望對方看著他，表示專心聆聽；凡事考慮又考慮，因遲疑不決，可能失去大好機會。

頭腦紋與生命紋重疊得愈多，猶豫的傾向愈厲害。如果生命紋與頭腦紋只是開頭相連但並無重疊，遇事經考慮便能立刻決斷，是最好的頭腦，成功的機率也

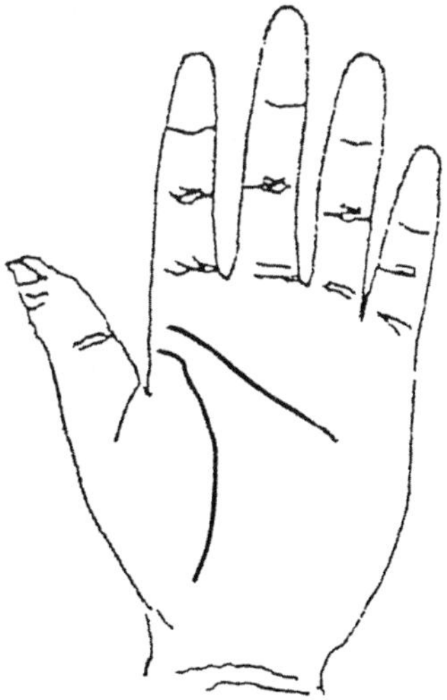

最高。這種人多屬雙重性格，可以內向、也可以外向，能動也能靜，適應環境的能力很強，做什麼就能像什麼。

也有人雙掌的掌紋不一樣，一隻手的生命紋與頭腦紋開頭重疊，中途才岔開；另一隻手的生命紋與頭腦紋一開始就分開。這種人同樣也是雙重性格，可靜可動，可內可外，古代所謂文武雙全，成功率大，挫折也多。

左掌象徵的是先天性的本質，右掌象徵後天性的修為。所以有的人在年輕時比

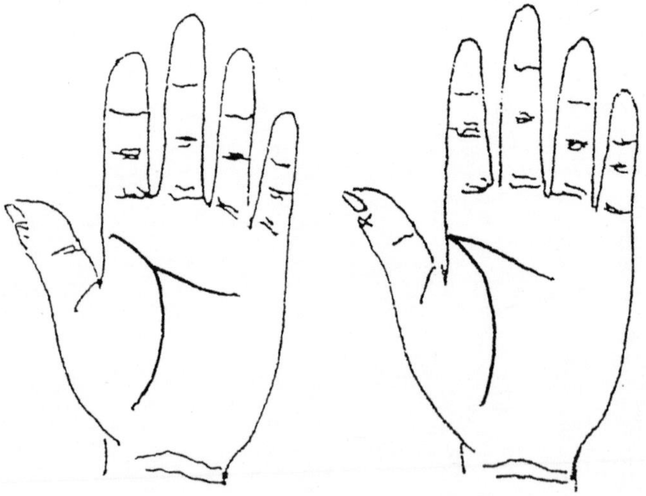

較內向、靦腆拘謹，膽子小，凡事必多加考慮；待年紀增長，見識多了，膽量也大了，什麼都不在乎。而另一種人在年輕時很有衝勁，好像天不怕地不怕，敢想敢做，率性而為；待年齡進入中年以後，經驗多了，思慮也多了，反而不敢任性莽撞。

「神雕俠侶」電視劇中，老頑童周伯通教小龍女一心二用武功，就是從一手畫圓，另一手同時畫方開始，終於練成兩手可以同時施展不同的劍招劍術，而使對敵眼花撩亂，左支右絀，無法招架。

15 夫妻的刑剋可化解

台中的琪姊原不相信命相，從來沒算過命或看過相。她曾有過兩次婚姻，第一次只相處一年多，丈夫就死了；第二次婚姻雖然維持了三十多年，但是相處得並不好。

當年她父親的一位朋友曾說這她的兩個丈夫都帶有刑剋，她不懂刑剋是什麼，所以沒多問。如今她看自己的掌紋，兩條婚姻紋都向下彎，衝過感情紋，認為自己不適合婚姻生活，不應該結婚；又說看相能預知自己的未來，那人生豈不是無趣？

其實算命看相能預知未來，只像是瞎子摸象，摸到象的鼻子長、耳朵大、腿柱粗，卻無法看到象的整體全貌。人生是多采多姿、很複雜的結構，所以能預測未來並非無趣。正如氣象預報，知道明天會下雨，出門要帶傘，明天氣溫會降低，出門要多帶衣服。這怎能說是無趣，可以預防被淋雨、不感冒，有益無損。

琪姊如果晚婚，便可避過第一次婚姻的失敗。現代女性都在二十六歲以後結婚，就沒有這種問題。至於婚姻的刑尅，有一首閩南語歌曲唱得很傳神：「阿公要吃鹹，阿嬤要吃淡。」兩人堅持己見，吵得打破鍋，弄得兩人都沒得吃。如果炒菜先炒淡的，阿公那碗待起鍋後再加醬油或鹽調味，豈不是兩人都有得吃。

所以說，「忍片刻風平浪靜，退

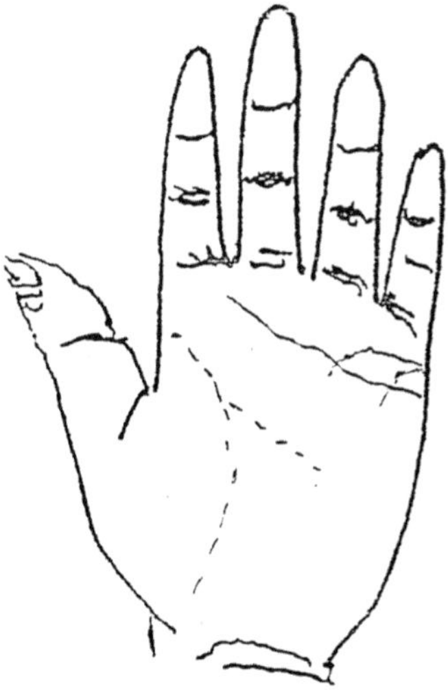

一步海闊天空。」凡是有刑剋的夫婦，只要記得這副對聯，而且一定要做到，便可保一世平安無事。刑剋不刑剋，看自己的相便知道，所以說相術是國民基本常識，懂得一些相術無損有益。

婚姻紋彎衝感情紋，表示壽命比配偶長，以前還說是對配偶有剋。所謂「剋」，解釋為意見不合，不能認為剋會把配偶剋死。如果能加強修養，絕不發脾氣，尊重配偶的意見，那條下彎的婚姻紋會漸漸褪去下彎部分而變為平直正常。掌紋的變化，果真奇妙得不可思議。

琪姊有兩條婚姻紋，表示兩次婚姻。但中國人絕大多數都有兩條或三條婚姻紋，這並不是人人都有兩次或三次婚姻。我們看婚姻紋只看其中一條比較長或比較深的主紋並加以論斷，如果有兩條同樣長、同樣粗深的主紋，才可以預測是多角戀愛，或有多次的婚姻。倘若婚姻紋多達六、七條以上且很亂，表示當事人的性伴侶很多，逢場作戲。

在性開放的社會，婚姻紋會變得愈來愈多。古聖人說：食色性也。吃飯與性行為，難道會隨時代的進步，也進步到同樣地隨便？

有的人婚姻紋很明顯深刻，有的人淺淡模糊。婚姻紋明顯深刻的人比較戀家，喜歡家庭生活並愛家人。而婚姻紋淺淡模糊的人只重視事業及前途，不以家庭為重心，愛只愛在嘴裡，絕不樂意因家庭而妨害事業。

不過，「家齊而后國治」，家庭是事業的原動力，做事業如沒有家庭支持，事業就不可能輝煌。每個成功的男人，背後一定有一位很了不起的賢內助，就是這個道理。

16 斷掌的女性不必怕

以前社會上對斷掌的女性非常排斥，認為斷掌的女性「少年尅父，中年尅夫，晚年尅子」，誤以為尅會尅死。其實尅只是尅制、反對、限制，最嚴重的也不過尅星，就好比對頭冤家，跟「死」毫無相干。

每個人的一生言行，都是感情與理智的交互協調進行，感情要你說什麼、做什麼，理智認為可以說才說、可以做才做。如果理智不夠堅強，任憑感情用事，就會說錯話或做錯事。所以比較感情紋和理智紋的長短、粗細、深淺，就可以推斷是怎樣的一個人。

斷掌是感情紋和理智紋合為一條，感情與理智合一不分，容易獨裁、固執、倔強，有主見。當別人的觀念意見跟自己不同時，並不會順從，而可能反抗。以前的社會重男輕女，男孩子反抗被認為有個性，將來有出息；女孩子反抗則被認為叛逆不道，所以才有「少年尅父，中年尅夫」之說。女子反對父親的教訓、跟丈夫鬧意見，在大男人主義的舊時代，真的會被活活的「氣死」。事實上，做人要放寬心胸，不發脾氣，瞭解斷掌的個性，也就見怪不怪、不以為尅了。

至於說斷掌女性晚年尅子，這也是過分的說法，因為斷掌女性的愛與恨都非常強烈，「愛之欲其生，恨之欲其死」。愛一個人便會全部付出、占有，對丈夫如此，對兒子也是如此，所以可能溺愛，望子成龍心切。如果兒子不聽話、不爭氣，有失她的面子，她可能會咒罵，甚至失去理性揍人，這可能就是晚年尅子說法的由來。

斷掌紋橫貫手掌，但因位置的高低而有著不同的性格。位置高，在相當於感情紋的位置，表示很情緒化，平常感情用事，看見喜歡的東西就刷卡購買，綽闊大方，毫不考慮將來可能無力償還。如果斷掌紋的位置低，在相當於理智紋的位置，代表很精明，平時吝嗇小氣，不該花的錢絕不亂花，不在乎別人批評她無情無義，認為自己該怎麼做就怎麼做。

所以斷掌紋位置的高低，紋的粗細深淺，都是性格的表徵，可以據的分析。

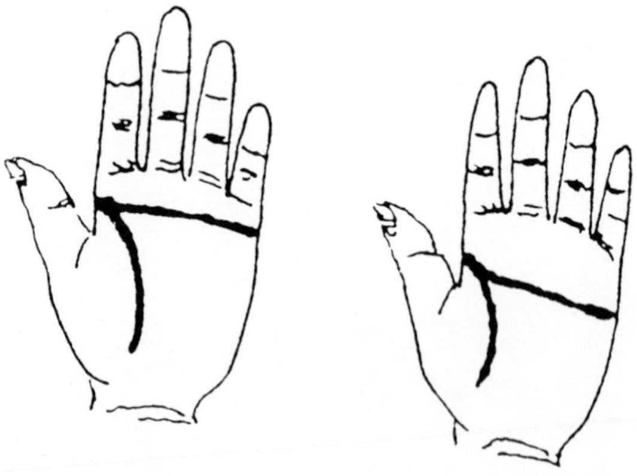

斷掌紋的優點是能集中意志和力量，朝著預定的目標努力奮鬥，不達目的絕不甘休，所以容易成為領袖人物。不是大好，就是大壞。古代蔑視女性，不許「牝雞司晨」，所以被冠上尅父尅夫尅子的「莫須有」惡名，現代人自不應再有這種訛謠的觀念。

斷掌紋如出現岔紋，被稱為「假斷掌」，為斷掌的漏氣。向上岔出的容易情緒化，向下岔出的容易冷酷，言行不一定循著常軌或教人覺得意外，成為最難纏的人物。

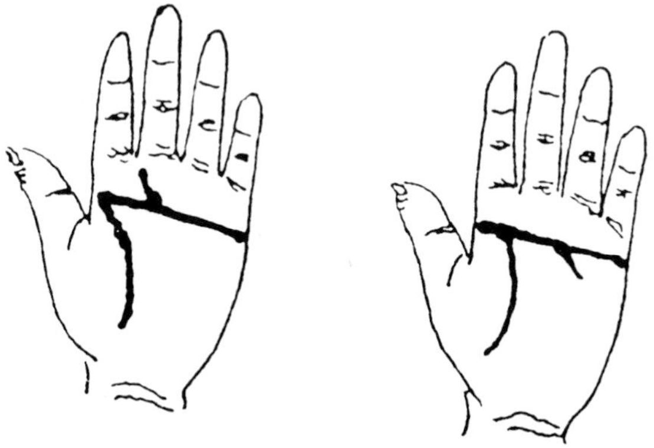

17

手相雜談

手掌的大小與身材的高矮維持著一定正常的比例，如果感覺手掌比較大，才稱為大手。有大手的人，很注重細節，離開房間一定隨手關燈，用水完畢一定隨手關水龍頭，適合做事務管理工作。修理鐘表、電腦、精密儀器的技術人員，都必須擁有一雙大手，大魔術家也要一雙大手。

如果手掌比較小，具有大而化之性格，對枝微末節並不十分注意，常常丟東忘西。可是卻能處理大事，是最優秀的參謀人員，可以與之商量重要的計畫或決策。當今世界企業，有的總公司管轄數個分公司，員工數千上萬，總公司董事長卻是女性。她指揮若定，領導有方，決策正確，令男士折服，就是因為她有雙靈巧的小手，而不是大手掌。

手掌有五根手指，伸出手五指張開，表示性格酷愛自由。曾有一對父母與他們的長子住在一起，長子婚後，兩老還是關愛倍至，引起媳婦的不滿，要搬出來分居，婆媳關係搞得很糟。他們的女兒來求教於我，我查她的哥哥和嫂嫂都是水瓶座，據說伸出手都是五指張開，是真正的自由主義者，因此對父母的關愛會認為是干涉他們的自由。我於是建議她告訴父母讓哥嫂搬出來分居，這樣對雙方都好，可以改善婆媳關係，免去不必要的誤會。

手掌肉厚、手指粗壯的人，屬實力派，宜向工業、農業或科技方面求發展。手掌肉軟、手指纖細的人，不妨走文學或藝術的路

五指長度，大拇指要達食指第三節的一半，小指長度要達無名指第一節的分界線（如小指較短，宜留指甲保護）。無名指較食指稍長應屬正常，對別人不同

的意見知道尊重，也可能有怕老婆的現象。據南韓研究：男性的無名指過長有患攝護腺癌的可能，這要驗血PSA，如果指數超過「四」以上才有可能。現代醫藥科技進步，就診泌尿科便可治療，不必緊急害怕。

五指都各有三節，大拇指的第三節為金星丘，第二節上有許多或縱或橫的細紋為財富

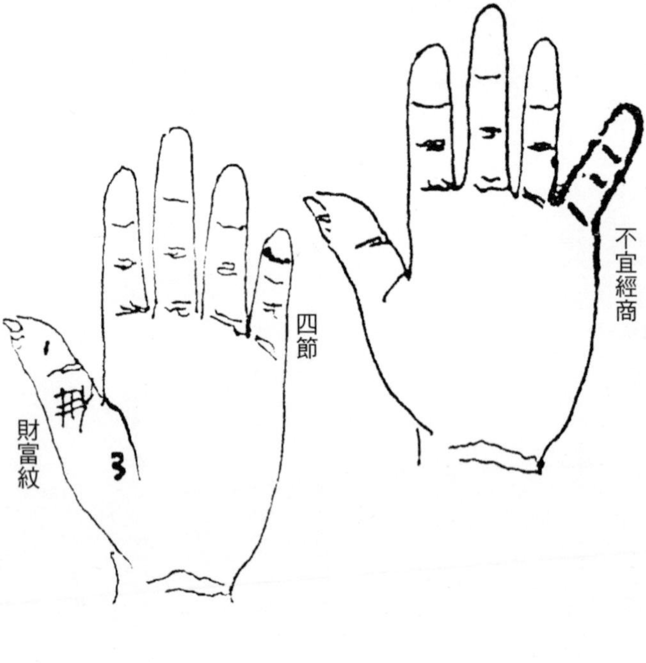

紋，當然愈多愈好。上半段表示年輕時就開始儲蓄，下半段是逐年累積的財富。唯有小指，有的人四節，也有人只有兩節。有四節的人小指比較長，有著保護自己的功能，不懼別人攻訐，而且學力勝過學歷，只念小學卻勝過高中生，高中畢業卻被認為大學畢業。如果小指只有兩節，從小就失去父母的愛，一生常被人欺侮，待自己婚後有了兒女，兒女也不孝順話，真是人生憾事。小指如與無名指不貼近，就不宜經商，經商不但不賺錢，而且還有虧老本的可能。

18

掌中雜紋

如果五指張開不合攏，個性外向愛自由，不願受拘束。倘五指併攏略呈彎曲，則個性內向，保護自我的心理很重，深恐受人欺侮或占便宜。

五指中以中指代表自我，如果食指緊靠中指，表示受家裡長輩依賴奉養。如果無名指比食指略長，而中指緊靠無名指，表示依賴配偶，許多事都要配偶作主或同意；倘食指較無名指略長，便可自行決定；食指與無名指等長，夫婦之間彼此互相尊重，沒有誰怕誰的問題。

掌紋直紋比橫紋好，直紋表示進步、助益，橫紋表示反對、阻撓。有的人掌紋像一團亂絲，分不清什麼是什麼，頭腦思緒也很複雜。別以為胡思亂想沒有價值，有些研究發明就是從胡思亂想中產生的。

從生命紋與健康紋可以看出身體健康，從頭腦紋看智慧，從感情紋看戀愛與感情，從事業紋看命運的變遷及事業的進展。

除此之外還有許多雜紋，如從生命紋上岔出向上紋，象徵健康的進步，或靠自己的努力使事業高升。從生命紋內側走向事業紋的紋，象徵靠親屬協助使事業發展，包括繼承或遺傳。從小指下方掌邊走向事業紋的紋，象徵有外力攜薦或協助事業發展。

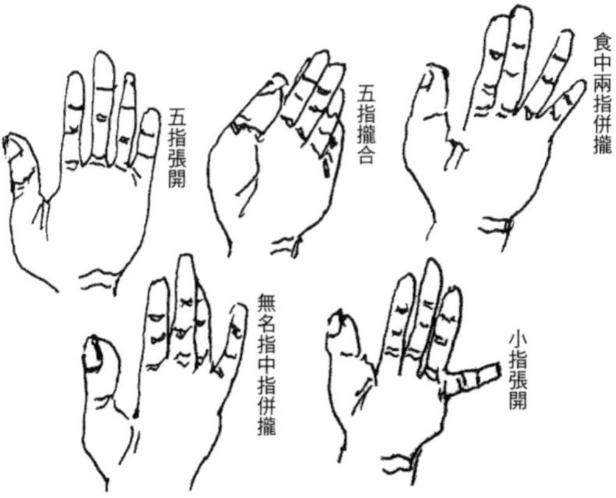

從頭腦紋上發出向上的紋，表示智慧的結晶，如著書出版或文章獲獎。從生命紋

或頭腦紋向上走向食指下面的紋，及走向小指的紋，象徵獲得財富或理財成功。在感情紋與頭腦紋之間突然出現很多細紋，象徵將有調動，或出國、或搬家，待動過之後，細紋就會消失。

此外，無名指的第三節，在節紋上有一條橫紋，跟節紋平行，被稱為「寵愛紋」，小時候在家受長輩的寵愛，在學校受師長同學的寵愛，長大後如遇困難或災害，會忽然出現貴人給予指迷、協助或解救。這種寵愛紋又名「外力協助紋」，有的人在婚後會隱淡，協助效能也隨之減退。

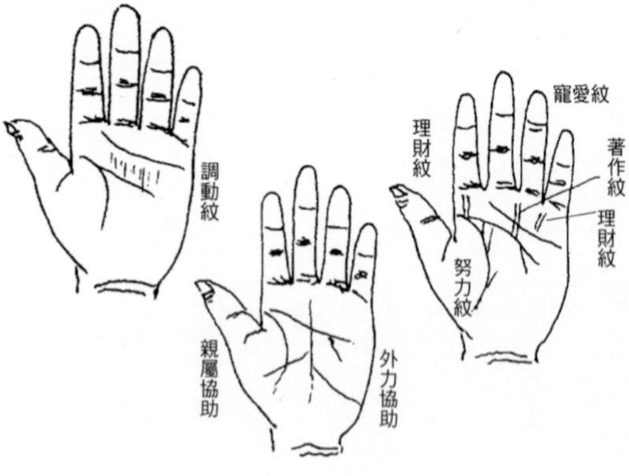

第三部

簡單易記的看相術

19 懂得一些相術有助益

有天早上下著毛毛雨，我撐傘在運動場上走了六圈，之後到便利商店買報紙，發覺自己的雨傘不見了，走出店門口，才發現傘掛在自己的臂肘，不禁啞然失笑，難道我已得了失智症！趕緊看自己的掌紋，頭腦紋的末端並未出現島紋（A），大概只是臨時性的「騎馬找馬」現象，尚不是失智的病兆。

我最怕自己得失智症，所以每天早晨散步時都會將兩手做成爪狀，輕

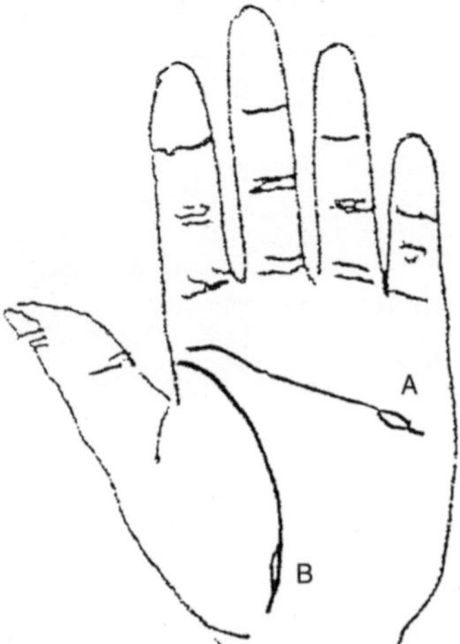

輕敲打頭頂一〇八下，用手掌輕輕拍後腦一〇八下，拍左右太陽穴一〇八下，再拉耳垂一〇八下，據說這樣可以促進腦部血液循環，預防失智症及老人尿失禁。這天因為手持雨傘沒有做這些動作，潛意識產生雨傘不見了的錯覺。不過，懂得一些相術的常識，觀察自己掌紋，對自己會有些助益。

再如生命紋末端如有島紋（B），便可能患糖尿病或高血壓，就要注意飲食的控制，少糖少鹽，少吃肉類，更要有適當的運動。糖尿病或高血壓並不可怕，我在六十歲前發現自己患糖尿病，每天注射胰島素，如今已經八十三歲，仍是好好活著。電視上孫資政說：「每天自己量量血壓」，不憂慮不發怒，就可以預防心血管疾病。

再如有一天，我兒立中的鼻翼上長了一顆小瘡，他問我這會象徵什麼？我回答說：「破財」。因為鼻子象徵男性的事業與財富，鼻頭代表正財，指薪津或正常業務的收入，鼻翼代表偏財，指業務外的收入，包括買賣股票、中樂透、賭博贏錢等。所謂破財，便是指做股票虧本、賭輸，或被詐騙。

果然，立中翌日向我調借頭寸，他說自己融資買進股票，因為謝長廷辭閣揆下台（當然還有其他原因）而股票大跌，他的融資斷頭，虧了一大筆錢，所以向我調借應急。

股票大跌，股票族破財的人很多，不一定鼻翼上都長小瘡。但鼻翼上長小瘡的都可能破財，所以要趕緊塗消炎藥膏治療，並盡可能預防或減少財務支出，以降低損失的額度。

由這些例子便可應證我一再強調的：懂得一些相術的常識，至少能對自己有些助益。

20 流年部位的相法

慧心齋主曾問我是否具有預知的能力？怎麼陌生人找我看相，我都能知道他目前遭遇什麼困難，馬上給他提示解答。

我說我並沒有預知的本領，大概年輕時看過福爾摩斯偵探小說，學他從細微處觀察來訪客人，先問對方虛歲年齡，再從流年部位的氣色及表象特徵去推斷，所以八九不離十能猜中當事人的心事。

看相並不是什麼技術，而應該是普通的常識。從電視螢光幕的畫面和色彩、聲音，就知道電視機的好壞。同樣的道理，將面相和手相看成是人的螢光幕，應該就能瞭解並接受了。社會上有不肖之徒利用看相裝神弄鬼，騙財騙色，那只是社會的病態，我們不能因此而輕視看相的價值，說它是不登大雅之堂。

中外都有相術的研究，均是以面部的器官表徵或手掌的紋路去推斷性格，性格也就是命運。而由於中外社會環境不一樣，所以解釋或有不同，例如眉毛和眼睛的距離近，我們認為性急，脾氣壞，人緣不佳；而歐美卻認為這種人直爽，說做就做，容易相處，所以人緣好。

現在因為交通方便，中西文化交流趨向漸漸接近，歐美人士的眉毛和眼睛距離漸漸分開，眉毛壓眼的人已不多見，所以將來的相術很可能漸趨統一。

不過中西相術最大的不同是流年的相法，歐美的相法是不談流年。

我國傳統相法，虛歲一至十四歲看耳朵，左右耳朵各七年，如果父母去世得早，從小失去父母的愛，耳朵就有異樣。前額象徵虛歲十五歲至三十歲流年，前額如出現雜亂的皺紋，少年時期就很辛苦，甚至要以半工半讀或爭取獎學金才能完成學業。歐美就缺乏這種看年歲推順逆的相法。

何以在臉上可以看出哪個年齡會發生什麼事？我到現在還想不透，可是根據為人看相的經驗，這種看流年的相法準確性確實很高。

我家鄉鄰居的一位姊姊，她知道我在台灣，曾登報找我，我去看她。幾年後她過馬路遭車禍躺在醫院急診室昏迷不醒，醫師認為生命危險，她家裡人個個急得像熱鍋上螞蟻。

這時，她的鄰居對她兒女們說：「幾年前你們舅舅曾替你們媽媽看相，預言她在五十六歲會遭遇危險，但能化凶為吉獲救，你們趕緊通知舅舅再來看看是否能救治？」外甥女們這才急電要我趕去。這就是根據流年推算的相法，這位鄰居當時也在她家，所以記得這項預言。

現代各大專院校學生課外活動都設有命相研究社，建議這些社團應研究流年部位相法，採用大量問卷方式，搜集流年部位有著異樣相徵的，如惡痣、傷疤、坑陷、氣色不佳的，在當年曾發生或遭遇何種意外或困惑事件。蒐集眾多的實證，就可供後人或更多具有相似異樣表徵的人參考及預防，以迴避突發的災難禍害。

21 亂世相法看不準

現代人的共識認為：相法是古代閱人經驗的統計，並沒有什麼玄奧，也不涉及迷信，只是心理影響生理，個性影響命運。但相法有其時間性與空間性，所以古代的相法，並不完全適用於現代，而太平盛世的相法，也不適用於亂世。最明顯的實例是人類的壽命，古說：人生七十古來稀。活到七十歲就算是長壽，但現代人的平均壽命都已超過七十以上，活過七十歲的不算稀奇。

民國初年的名相家陳公篤先生就曾說：「孔子認為三十而立，如今十八歲即立；四十而不惑，如今廿七就該不惑；五十而知天命，如今卅六便知天命；改造時勢而負國家興亡的責任，六十而耳順，如今四十五歲便成功居多數，知時達世；七十而隨心所欲，如今五十歲左右便可治國安危，立言立功立德，從心所慾。」

這是社會環境不同，社會潮流的趨勢，所以相法也應該隨時代的進步而有所調整修正，而不宜囿舊固封。

數十年來社會的變遷、時代的進步，更像是超音速地快，而且變動之大，大得難以形容，所以相術更應調整修正。例如，具備壽徵的人應該可以活過九十歲，才算得上是長壽，活過七十歲已經極為普遍。

從前的相法認為：「天庭高聳，少年富貴可期」、「地閣方圓，晚歲榮枯定取」。這是說前額豐隆的人頭腦聰明，反應迅速，少年時期就可能頭角崢嶸，可以期望成功。地閣是指下巴，如果下巴豐滿或方形或圓形，這種人肯努力，重視道德，追求名望地位，晚年可以累積財富，過著享福快樂的生活。

實際上，這些相術的標準僅適用於太平盛世時期。在太平盛世時期，想要富貴成功，必憑智慧、努力，更須恪守忠孝仁愛信義和平八德，以及禮義廉恥四維，循規蹈矩地有恆努力，絕不是只講「愛拚就會贏」，所以好人容易出頭。

亂世卻不一樣，人變得像貨幣，於是產生「劣幣驅逐良幣」現象。好人默默無聞反而不易得志，小人因為擅長吹拍迎奉、走後門、送紅包、拉裙帶等，不但官居津要，而且鈔票麥克麥克。

亂世的相術也不一樣，眉毛濁亂倒逆，眼睛凶暴多白，鼻準像鷹嘴或露竅，嘴巴不對稱或歪斜，兩腮外凸見骨，反而能掌權得勢，或擁有大批財富。這就是太平盛世與亂世的相法不能同論、亂世的相法看不準的道理。

現代的社會介於太平盛世與亂世之間，而且較近於亂世，所以相法更難於辨識。學校教育只重升學考試，不再教公民道德，不再教做好人的道理，不但三民主義廢考，近擬連「國文」都要廢考。電視新聞每天播報的都是自殺、謀殺、欺詐、騙局、勒索、姦淫，盡是不知廉恥的負面社會教育，怎能教小孩子和年輕人學好？

心不正，相也隨之歪，上樑不正下樑也歪，因此，富貴的人不見得是好相，好相不見得能富貴。只是，亂世的富貴絕不可能持久，最後必像是竹籃子打水，落得一場空。唯有注重學問、道德，有恆地努力，經辛苦所獲得的富貴才能持久。因此，傳統的相術還是有存在的價值，而且我們盼望太平盛世的時代能夠早日來臨！

22 善有善報，惡有惡報

「善有善報，惡有惡報」，這原是宗教的語言，無論佛教、道教、基督教、回教都有類似的說帖，教導信徒要多做善事，能夠幫助別人的就要盡心盡力地去幫助別人，因為助人為快樂之本，不但被幫助的人獲得好處，就是幫助別人的人也快樂，這也算是一種善報。

心地善良、肯幫助別人的人，面相上的特徵是鼻下直溝的人中很明顯而且深長，氣色鮮明；所生養的子女都很優秀，因為小孩子成長的過程中，都以父母的言行為學習的範本，耳濡目染，自然也會成為好孩子。所以說：「積善之家必有餘慶。」

兩眼的下面，古代相術稱之為「子女宮」，這左右部位的肌肉必須豐盈，而氣色也要黃明，眼睛要炯炯有神，表示精神旺盛，精力充足，所以生養的子女也必優秀，青出於藍而更勝於藍。

不過，除了先天的遺傳要好，還要加上後天的教育。小孩子在三歲至六歲是最佳的學習期，別以為這時候的小孩子什麼都不懂，過分的溺愛，使之任性，要什麼就有什麼，捨不得讓他哭，做錯了也不矯正，不知不覺很可能會害了他一輩子。

古代相術稱「三歲定八十」，就是要大家重視兒童的家庭教育。舉例來說：兒童玩積木，訓練他的創意，有些孩子當他疊成一個美麗的圖案，來不及欣賞就一腳將它踢倒，使積木散落滿地。如果父母不懂得機會教育，他也許會誤以為破壞比建設痛快。所以，有些人到臨老仍不悔改，晚節不保，不惜自毀辛苦累積成的聲譽，很可能就是他的父母在他小時候沒有好好教育他要珍惜成果。

大家常說：「種瓜得瓜，種豆得豆。」這雖然是自然界的因果定律，但如在種植的過程中沒有細心照料，不除草、不施肥，又不預防病蟲害，收穫就不會豐碩。

現代的年輕人習慣於「速食」，誤以為做了一點善事，就應該得到善報，等不到善報，便以為做惡事也不會有惡報。再加上學校教育不教公民與道德，社會上不講禮義廉恥、忠孝仁愛信義和平，政治經濟掛帥，有錢能使鬼推磨，做事愛拚才會贏，因此，為了錢，走私、販毒、詐騙、勒索、貪污、偷竊、強盜搶劫，什麼壞事都幹。於是眉毛由整齊變雜亂，眼神由正變邪，眼睛由清變濁，鼻子由正變歪，人中由深變淺。

正正當當賺得的錢，不但可以儲蓄，也可以改善生活的品質，且可以留給子孫。但是不義之財，必容易招惹災難，更會禍延子孫，即使留下大筆遺產，子孫也恐無福享受。無論頭腦如何聰明，做壞事能做得天衣無縫、不留任何痕跡，別人也無法找出任何證據，但是瞞天瞞地卻瞞不過自己的良心。所以難免疑神疑鬼，睡不安枕，惡夢連連，最後孤狸終於露出尾巴，顯出原形。

任何人最大的敵人就是自己，如無法戰勝自己，必被自己毀滅。所以說「善有善報，惡有惡報」，至於何以未報？只因「時辰未到」，待時辰到了，真相敗露，不該發生的事也會出問題，後悔就來不及了。

23 命、運、風水、積德、吸收新知

從前的哲人認為支配人生的要素有五：一命、二運、三風水、四積德、五讀書。

古代以個人出生的年、月、日、時推命，主要的方法為四柱八字或紫微斗數，這比較準確，但並不完全正確。據說鬼谷子論命，除了本人的生辰八字，還要加上父母的八字。但究竟如何推算，早已失傳。其他尚有許多算命方法，只是粗枝大葉，見樹不見林。

出生年月日若相同，推算出的命，論理應是相同，但事實上並不是完全相同。因為出生的地理環境、當時的家庭狀況、成長的教養過程、父母的血型及個性、受孕時父母雙方的心態，都直接影響著這個人的一生，所以古代稱性愛為「敦倫」，非常慎重其事，不像現在「隨緣」、「任性」。

現代的人造衛星，以發射的時刻而推斷其運行的軌道，跟以出生的時刻推算其一生的運程，異曲同工，所以我們不能完全排斥算命為無稽的迷信。至於剖腹生產是否可以改命？尚缺乏研究事證，迄無定論。

命，是人進入社會的起點，以後成長的過程稱為「運」。運也就是時機，時機有起有落，所以命運也有順有逆。順的時候做什麼都容易成功，逆的時候「喝冷水都會拉肚子」。如果能夠知命知運，知道自己做什麼比較適合、什麼時候做比較容易成功，將會事半功倍。可是很多人不相信命運，在逢逆境時，誤以為「窮則變，變則通」，結果變得焦頭爛額，滿頭是疤。

算術四則應用題有個水流速度的問題，水流的速度要加上划力，才是船行的速度。如果在逆水行舟，不進則退。水流速度就好像是運勢，划力就是努力，在順流時不努力，雖有進展，但進展的速度有限。所以我們不能只靠運氣，在平時也要加倍努力。

「風水」是居住環境的條件，風代表空氣，水代表水的運用和處理。如果居家或工作場所的磁場與個人的磁場相合，有助身體健康，工作活力充沛；如果住家或工作場所環境不佳，空氣不流暢，水的處理不當，磁場不合，當然有不利的影響。

不過風水之說有的可信、有的不可信，對古代的風水學說應加以科學的檢驗與研究，值得保留的保留，迷信荒唐、不值得保留的應淘汰。

「道德」與「學問」是做人的基本條件。以前國小都有教「公民與道德」，禮義廉恥為國之四維，忠孝仁愛信義和平是做人做事的準則，教人知道是非善惡，有所為有所不為。如今這些都被揚棄，只知道「愛拚才會贏」；如果做人不講道德，自己不孝父母，如何要孩子孝敬你？

所以，一切要從自己做起，以身作則，做個好榜樣。如果自己貪瀆，以違法為榮，孩子耳濡目染，不知羞恥，當然會為敗家子弟，禍延後代。縱然你遺留億兆財富，最後仍像是「空籃打水」，一無所剩。所以人不能作惡，而要積德，多做好事，多做善事，積德可以延年益壽，能夠弭禍消災。

求學問要多讀書，做人最怕是無知，現實社會到處是騙鈔票、騙選票、騙感情，所以必須有足夠的智慧，才能辨別真偽、善惡、是非。多讀書並不是為追求學歷或文憑，並不是只在學校讀書才算是讀書，凡是有益的書都可以看，為的要增長知識，培養智慧，提高品格。活到老，學到老，只要有空閑就看書，努力吸收新知，不斷充實自己，以開拓更寬廣更美好的前程。

24

小孩勿留疤

「七坐八爬」這是我國古來的育嬰常識，嬰兒出生七個月後，才可以學坐，八個月後，才開始訓練學爬。爬要爬得夠，待嬰兒自己會扶著椅子站起來之後，再開始學走，這是自然成長的過程。

可是現今的社會環境，一般家庭都缺一間育嬰室，而地面又髒，家長捨不得嬰兒在地面爬，基於「速成」的期盼，往往忽略了「爬」的訓練。

依學者研究，嬰兒爬得不夠，腦的成長受影響，很容易產生「過動」的傾向，不肯靜下來好好休息，喜歡在牆上塗鴉，或依著牆走路。進了學校坐不住，不自主地要摸摸鄰座同學的頭，或欺侮比較弱小的同學，教老師也傷透腦筋。

嬰兒學走路的過程，家長隨時隨地要監視保護，防其跌跤。跌倒要讓他自己爬起來，如果跌倒受傷流血，要立刻急救止血，必要時要送醫院急診。顏面受傷如留下疤痕，往往會影響今後一生的運勢。

顏面的前額代表是青少年時期的運氣，前額的正中更影響一生的事業。這個部位若有疤痕，潛意識將產生自大與自卑心理，所以不容易與長官相處得好，總認為自己被長官欺侮或壓制，像埋著一枚不定時的炸彈，不知什麼時候會爆炸。

眉頭上方是交友宮，交友宮裡的疤痕，象徵會吃朋友的虧，最好避免朋友之間的金錢借貸來往。

眉尾的上方是福德宮，疤痕代表勞碌命，不得清閒，財氣和福氣都受影響。額角是遷移宮，有疤不利旅遊，出國留學困難重重。眉毛是兄弟宮，眉毛斷裂有疤，兄弟姊妹間情緣較薄。眉眼之間的田宅宮如受傷留疤，固定資產和人緣恐遭損失，還可能遇到莫名其妙的事。眼尾是夫婦宮，受影響的是婚姻。

鼻子象徵事業和財富，並包括消化系統的健康，十分努力不可能獲得對等的收成；鼻下人中如有疤，免疫力和疾病的抵抗力差，而且影響生殖力和下一代。

嘴巴有疤，不但有礙飲食，並且容易發生誠信問題，說謊不打草稿。但是「病由口入，禍從口出」，如惹出亂子很難收拾善後。下巴的疤象徵住家不安定，下水道出問題，或有叛逆的部屬或晚輩。而且疤痕出諸外來的原因，防不勝防，比出於內部原因的「痣」，更感討厭。

25 如何過關隘？

人生的運程上有四個關隘，平劇伍子胥過昭關，因為憂慮焦急，恐怕過不去，一夜之間，鬚髮俱白，蒼老了許多。後得東皋公之助，以皇甫訥引開守關兵卒的注意，讓伍子胥逃了出去。由此可見過關不易，我們在過關隘的年齡，也要提高警覺，特別謹慎小心。

第一個關隘是兩眼之間的山根部位，虛歲為四十一歲。稱「山根」，是表示鼻樑高山的起點，象徵健康、遺傳、事業、財富的根基。如果山根部位有傷疤、惡痣、皺紋等缺點，四十一歲那年的運程就可能不順遂，遭挫折失敗，婚姻生活也受影響。

第二個關隘是鼻下通向上唇的人中部位，虛歲五十一歲流年。人中象徵生命力、疾病的免疫力及抵抗力、傳宗接代的生育力。人中要深長、上窄下寬，如果人中淺短或上寬下尖，運程就難遂理想，做事往往雷聲大而雨點小，不能貫徹始終。

山根部位喜平滿，人中則忌平滿，更怕有缺點，人中如斷裂，恐怕過不了關。

第三個關隘是下唇下面微微凹陷的承漿部位。很多公職人員都在虛歲六十一歲這年退休，退休如有退休金可領，並不算是壞事，但如承漿部位有缺點、傷疤、惡痣，就可能遭遇災難，絕不宜飲酒開車及游泳，要防飲食中毒、急性腸炎、住家濕氣重或水患。

第四個關隘是下巴尖端的七十一歲部位。從前人的壽命比較短，所以說「人生七十古來稀」；現代人懂得養生，注意營養均衡，預防疾病，每天運動。現今醫藥科技不斷進步，平均壽命已達七十有幾，所以可以輕鬆過關。唯如下巴尖端有惡痣、傷疤、嚴重的缺陷，則恐挫敗難過。

我們過關隘時，基本的守則是以靜制動，以不變應萬變，千萬別以為「愛拚才會贏」，或「窮則變，變則通」。如果不能凡事忍耐，硬著拚，硬著變，拚會拚得灰頭土臉，大敗大輸；變會變得窮途末路，變得艱難不通。

在這段期間，受委屈，只能忍下；患小病，馬上求醫；不買賣股票，不投資創業。待熬過了關隘的年齡，形勢漸漸好轉，才可以拚，始可以變，好的開始也就是成功的一半。

有位朋友於關隘的年齡，因受不了別人「搬弄是非」排擠的壓力，想要辭職。我勸他再忍一些時候，待熬過了關隘的年齡再說，他堅持不肯，終於提出辭呈，自認為跳出是非圈，從此不煩惱。卻讓計算他的人輕易獲得接替他的職位，且過了春節年以後，局勢大變，大家都怪他不該提早辭退。

熬過關隘後自有一番新天地，猶如晉陶潛的《桃花源記》：「山窮水盡疑無路，柳暗花明又一村。」不宜小不忍而亂大謀。

26

五十一歲要謹慎忍耐

以前的說法：人生七十古來稀。而現在因為人類的知識提高，知道如何選擇和控制飲食，知道每天需要適當地運動，加上醫藥科技不斷發明、進步，以前不可救的疾病，現在也能起死回生，所以人類平均的壽命已經提高為七十歲以上。現代人的壽命活到八、九十歲已不算稀奇，因此古代命書、相書預測的壽命年齡，已完全不能適用。

現代的論命、看相不必問可以活多少歲，如果面相長壽，只要注意養生，飲食不逾量，適當運動，平時生病立刻求醫治療。這些道理看似很簡單，而難在是否能持之以恆，如果三天打魚，兩天曬網，便不能成為氣候。

面相上看長壽的表徵有眉毫、耳毫、法令紋及人中。人在中年以後，在眉毛裡或耳朵孔裡長出兩三根特別長的毫毛，都稱「壽毫」，千萬別嫌它難看而把它拔掉或剪掉。鼻翼左右向下彎的法令紋，如果深長且伸延到下巴，也象徵長壽，所以又稱為「壽帶」。

人中為鼻準下至嘴唇上的直溝，鼻子呼吸天空的空氣，象徵為天；嘴巴吃地上生長的蔬果及食物，象徵為地。人在天地之中，頂天立地，所以稱人中。又以男女兩性為別，鼻子代表男性之陽物，嘴唇代表女性之陰戶，男女交接而孕育了新的生命，所以也稱為人中。

人中也象徵女性的「子宮」，人中偏斜，子宮的位置也偏斜，便不容易受孕，必須求診婦產科醫師施手術矯正，才能懷孕。

如果男性的人中偏斜，心理就不容易平衡，會變得很現實，對有權、有勢、有財、無力幫助他的，態度就可能有天淵之別。所以人中是否正直或歪斜，也是觀察人心的一項指標。

任何人只要心地善良、修心養性、積善補德，人中就能漸漸由無變有，也就是從「人中平滿」漸漸出現溝痕，或漸漸變為明顯、深長，因而增加生命力，增強疾病抵抗力，益壽延年。一個昏厥的人，以手指用力按捺其人中，可以促使清醒，證明人中是一個非常重要的部位。教人不要翹嘴巴，要經常保持笑容，這與人中的變長變短變深變淺也有關係，讀者可以對鏡練習，自行求證。

人中部位應虛歲五十一歲流年，如果人中平滿不見溝痕，或人中有缺點的人，在五十一歲那年要防不順。工作不宜變動，不宜投資，有病立即求醫，不可拖延，受委曲必須忍耐。

我的一位親戚因為不相信我的勸告，在五十一歲那年跟上司拍桌相罵，結果失業了一年半才找到新的工作。五十一歲遭車禍的人特別多，面相學稱五十一歲為關隘，認為是最脆弱的年齡，凡事必須謹慎、忍耐，這不是沒有道理的。

第四部

看相實例

27 特殊相例

山人看相不下海。這是我學看相時的初衷，我肯替人看相，只為求證古代的相術是否準確、或是胡說八道。有人認為看相要相信才準，不相信便不準，這等於否定了經驗與統計。修理電視機的技師一定要先看螢幕，才知電視機的內部哪些零件或線路出問題而需要修理；這跟看相是同樣的道理。

根據我看相的經驗，曾遇到幾則比較特殊的相例。

生命紋是表示生命力的強弱，但並不代表壽命的長短。我有位朋友的太太，她雙掌的生命線都只到掌心，約在五十歲以後就不見生命紋。可是她卻很長壽，如今已八十多歲仍活著，只是在更年期患了巴金森氏症，手腳經常顫抖，就診中醫和西醫，都治不好她的病。由此可知，生命紋只象徵生命力及疾病的抵抗力，並不代表壽命的長短。

讀者如發現自己的生命紋短，不必害怕，但須注意飲食正常，譬如螃蟹的膽固醇過高，就不要吃，港星沈殿霞就曾因貪吃螃蟹而昏倒送醫。還要每天運動，所謂「活動」，要活就要動，運動能使全身血液循環正常，手腳靈活。此外，有病立刻求醫，免得小病拖成大病，記得提防重於一切，小心保健康平安。

掌紋的三條主紋，上面一條是感情紋，中間一條是頭腦紋或智慧紋，靠大拇指的那條是生命紋。我見過只有一邊掌有頭腦紋，另一邊掌卻沒有頭腦紋。我們不能說他只有半個頭腦，應該說他有半生時間憑感情用事，也就是說他的感情勝過理智。感情如果沒有理智控馭，就像是沒有轡頭的野馬，欲所欲為，便容易鬧出亂子。幸得他有一位賢內助，幫他分析事理，取決一些重大的事情，讓他平平順順地安享晚年。

事業紋又稱命運紋，在事業的中央直衝向中指，象徵事業運程。有的婦女並沒有事業，卻有一條筆直的事業紋，那又怎麼解讀？

其實家庭管理也是事業，如果將家庭管理得好，相夫教子成功，也是很大的成就。從前就有「一位成功的男人背後，必有很了不起的賢內助」說法，將家庭治理得好，便能讓丈夫無後顧之憂，可以專心於事業去開創前程。

因此，女性如有優秀的事業紋，倘若自己有事業，象徵自己事業的運程，如果自己沒有事業，則可幫夫，也就是有助於丈夫事業的發展。

現代的女性都有事業紋，事業紋象徵事業的運程，男女平權，所以女性的手相跟男性同樣的看法，以左手代表先天，以右手代表後天，不應再囿於男左女右的舊法。

不過女性的事業紋如過於深長明顯，勝過男性，恐怕影響婚姻，現代女性不婚不孕的趨勢，恐怕還會繼續嚴重。

小指下面的結婚紋，應該從掌邊向掌心延伸，但我看過有向掌背延伸的，這在其他手相學書上從未提過，只有我說是「背道而馳」。有些人只要感情進展到結婚階段，便演變成告吹分手，便是這種掌紋。

28 從事業紋看失業

人老了、視力與聽力都在退步，本不想再替人看相，但一位親戚晚輩專程自台北南下要我看相，不好意思不答應。他說只問事業的運氣，所以比較單純。

他的左掌掌紋，事業紋明顯深長，衝過智慧紋及感情紋，表示先天性事業命運應屬順遂，可以做到六十五歲退休。可是右掌掌紋就不如左掌，事業紋只到智慧紋，再上去就細如游絲看不大清楚。因此我判斷他少年得志，但過了三十五歲以後，太安於現狀、性趨保守，不再像之前那麼積極進取努力，漸漸喪失企圖心。

我問他今年的貴庚？他說：虛歲應算是五十一歲。我的心裡像起了疙瘩，因為五十一歲是人生關隘的年齡，也是生命力最脆弱的年齡。如果鼻下直溝「人中」深長，生命力充沛，也許會有特殊的際遇，否則，有很多人在這個關隘遇到挫折或失敗。所以必須「養心以靜」，凡事忍耐謹慎，不宜投資創業或更換職業工作。這時候他才表示：怪不得今年他服務的公司宣布裁撤他所服務的部門，他因此被解職而失業，現在正在找新的工作。

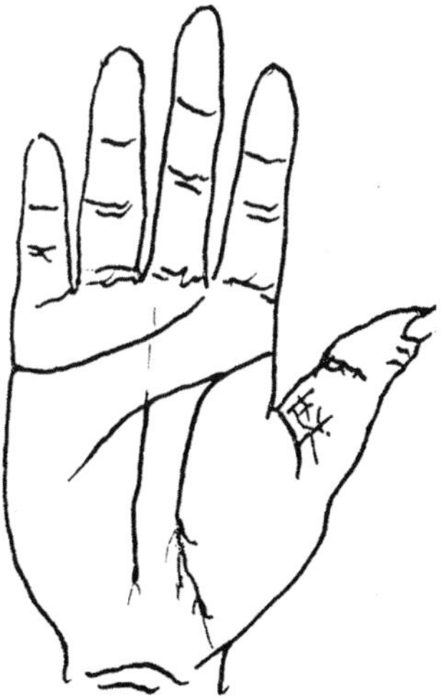

這是大環境的問題，目前經濟循環進入衰退期，生產漸趨停滯、貿易供需失衡。企業為減低成本採取緊縮，失業率提高，民生凋疲。他卻「躬逢其衰」，所以在這時候換工作必然困難，即使能找到新工作，也可能不如從前，所以我勸他忍耐。

四十一歲至五十歲行鼻運，他的鼻子扁寬有肉，鼻翼略張而不露孔，表示經營個人理財頗有收穫，而且不會亂花錢。他的大拇指第二節財富紋雖然不複雜也不多，積蓄也足夠維持下半世生活，所以即使目前暫時失業，並不致影響生活的水平。待運氣轉好轉順時再尋新工作，就可以獲得更好職位。

我們過去的觀念是「窮則變，變則通」，這其實是錯的，運氣不好的時候，只宜守不宜變，變會變得更壞，只有運氣好的時候，才會變得好。所以現代的觀念要在順境時考慮轉舵，找尋自己將來的更好目標。

大姆指第二節的財富紋表示財富儲蓄的意願，不論橫的直的，愈多愈複雜愈佳。如果缺乏儲蓄意願，甚至寅吃卯糧，大姆指的第二節就會是光禿禿的、沒有財富紋。

他的頭腦紋（理智紋）出自生命紋，為人謹慎小心，遇重大事情決策，事前必經過計畫考慮得失。不過考慮不可過頭，考慮過多容易猶豫難決，決而不行，等於白費功夫。所以要實踐力行，如果供抉擇的方案多，各有各的優點和缺點，不知那個方案最好，那就選第一個方案，也就是最早想到的方法；遇到瓶頸就設法克服，將來的成功率必是最大的。

他另須注意的是健康，生命紋尾端分歧，預示晚年的健康可能出問題，所以現在開始就要定時定量地運動。俗話說要活就要動，現代人早起就做運動，無論香功、元極舞、健康操、外丹功、土風舞、慢跑、走路、太極拳，都是有益健康長壽的活動，只要持之以恆，日久必見效。但運動也不宜過量，以免產生反效果。

29 有驚無險

桃芝颱風過境的一早，我們在狂風暴雨中為侯世兄送殯。侯世兄是我們運動場上散步的朋友，他每天早晨都會陪他母親散步，然後再獨自慢跑，看見我們幾個老人，也會一一招呼問候，我們都稱讚他是個很孝順的年輕人；下午，他又會陪太太和兒子打網球。

他的體格很棒，誰知剛過了五十一歲，過了「人中」運後就倒地不起，送到醫院急診，診斷係腦血管破裂，在加護病房裡昏迷了二十多天，就瞑目長逝，令人不勝悲悼。

幾天前，好友梁律師的太太在電話裡說有急事要找我，她告訴我她的二兒子全家到美國旅遊，孫子在大型遊樂場玩雲霄飛車，下來後突然昏迷倒地，急送醫院急診，診斷為腦血管破裂，現在醫院急救中，不知有無生命危險？她帶來孫子的照片和生辰八字，要我為他看相和排紫微斗數。

他今年二十四歲，在照片上前額「邊地」部位好像有顆很小很小又看不清楚的小痣。整體看來相貌不錯，山根和人中部位都沒有斷裂，不像是短命夭折的相，可能只是有驚無險。

不過因侯世兄也是腦血管破裂而死亡，所以我心裡不免有些忐忑，但是我不能將侯世兄的事告訴梁太太。

我對紫微斗數並無研究，只會排命盤而已。根據紫微斗數，他的二十四歲小

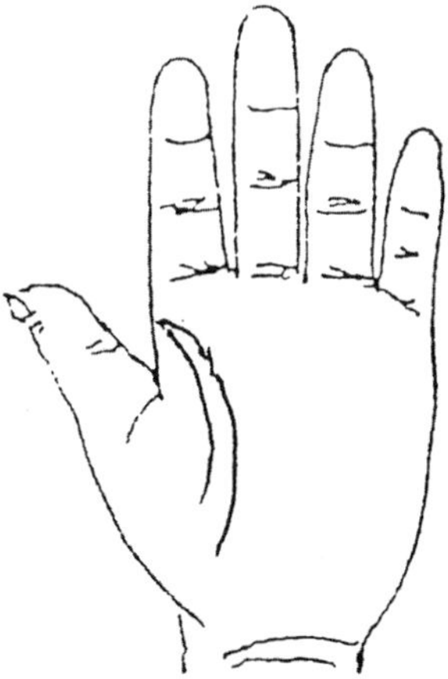

限，並無主星，看對宮的主星及流年運限都還不錯，應該不至於夭折。於是我安慰梁太太不必擔心害怕，照紫微斗數來看，兩個月後就可以漸漸痊癒。

梁律師是我的好友，他一生堅持不打缺德的官司，不替歹徒惡人辯護，不接受離婚的案子。他有著虔誠的宗教信仰，可能還暗中助人積陰德。我看過他大兒子的手相，他的左右兩手生命紋內側都有副生命紋，有保護生命的功能。我問他可曾遇過危險？他說至少曾有三次的意外，都有生命危險而獲救。

副生命紋在我國古代稱為「祖蔭紋」，表示祖上積德蔭庇子孫，這也證明梁律師的一生確曾積德，「積德之家必有餘慶」，這絕不是迷信。

五天後我又接到梁太太的電話，她說美國的醫師認為腦部不宜開刀，故在她孫子的左右耳後各戳了一個洞，插進管子抽腦部的積血，血流完了，她的孫子便張開眼睛得救了。

我恭喜她，也感謝上帝救了這孩子的命，也讓我沒有砸掉看相的招牌。美國的醫藥科技比我國進步，知道腦部充血不能開刀，只利用管子吸血放血，我國的醫師應該到美國學習，將來方可為腦血管破裂的病患救命。

30

法令紋與健康

我的一位老朋友家住台中，臥室設在透天厝的三樓，因為他年已過八十，行動不大方便，他女兒要我勸他將臥室搬到一樓。我在電話裡問他：上下樓梯是否感到吃力？他說他現在不是走樓梯，而是爬樓梯，得扶著樓梯把手一腳一腳地爬上去，而不是一步一步地走上去。

人老了，血液循環到足部已漸感無力，所以有人主張在臨睡前要以溫水泡腳；我每天早晚都要散步，也是為了防衰老。人的衰老都是從足部開始，現代年輕人習慣以車代步，如果不訓練自己多走路，將來必衰老得快，這可是得不償失的「享受」。

人的臉上從左右鼻翼往下延伸的皺紋「法令紋」，就是象徵左右兩足，左邊的法令紋象徵右足，右邊的法令紋象徵左足。

法令紋中途斷裂或有惡痣，預兆足部會受傷，有的是遭車禍骨折，有的是跌仆受挫。現代醫學科技進步，只須在斷骨處裝上鋼條，便不致跛足；如果能美容除痣，也可能預防受傷。

有些人有時候在法令紋上忽然出現小瘡，就要避免與人吵架，或可能發生被冤枉受委屈的事。吵架不但解決不了問題，可能反使問題更複雜。

所謂小不忍則亂大謀，因為體內火氣很大，所以容易情緒失控。應該多喝水，補充維他命C，在小瘡上塗消炎藥膏，同時設法澄清事實的真相，消弭誤會而還自己清白。

以前的相法：男性以法令紋象徵雙足，雙眉象徵左右兩手；女性以雙眉象徵兩足，法令紋象徵雙手。

古代的女性很少見法令紋，隱而不現。但是現代兩性平權，女性的法令紋已日漸明顯，都以眉象徵雙手，以法令紋象徵雙足。

深長的法令紋又名「壽帶」，如果雙足老而彌堅，也表示長壽健康，這種聯想是頗有道理的。如果法令紋彎入嘴角，稱為「螣蛇入口」，從前相法認為這種人會餓死，這是因為他太悲觀，為了小事也會煩惱憂愁，什麼事都想不開，當然容易患不治之症，無法進食而終。

所以我們平時要面含笑容，心情樂觀，凡事從好處想，絕不杞人憂天自尋煩惱，多做善事助人為樂，如此方可使法令紋退縮嘴角。

法令紋的長短深淺必須左右一致，如果一邊長一邊短，或一邊深一邊淺，內心就不易平衡。這樣人立場不穩，思想容易偏差，言行反反覆覆，不合社會常軌。這樣的人職業不宜兼差或從事副業，否則得不償失或因小失大。

人到中年必須見法令紋，如果沒有法令紋，表示尚未建立社會地位，可能因為個性很任性，喜歡我行我素，不重視法令規章或社會傳統。所以稱「法令紋」，也就是這個道理。

31 鼻翼象徵財庫

二○○二年九月，國內爆發油價大戰，「全國」加油站汽油每公升降價兩元，逼得「中油」降價每公升減二點二元，「台塑」加油站也立刻跟進，降價二點五元，尚有「李斯特」加油站每公升降價三元。消費的大眾都額手稱慶，但不知這種減價競爭能維持多久？

這使我想起多年前認識的一位油品公司老闆，他轄有許多加油站，供售汽油、柴油及他自己研發的省油化油器。他的前額高廣飽滿，下巴敦厚豐隆，鼻子像蒜頭，左右鼻翼和準頭都很圓大。只是我們認識那天，他的左右鼻翼上都有多條血紅的裂痕，據他說是與朋友喝金門高粱和吃薑母鴨，火氣大，所以鼻頭破裂流血。

我與這位老闆過去並不認識，那天是台北公路總局監理處一位老鄉和幾位朋友從台北開車去嘉義，路過虎尾，順道拜訪我。我要留他們吃中飯，他說已經一位油品公司的老闆約好，拉我一道去。我說不好意思，他說多認識一位朋友嘛！所以我也貿然地跟著去，果然他家已準備許多好菜等著我們。

我這位老鄉知道我會看相，便要我替這位油品公司的老闆看看。我因見他的鼻翼破裂，鼻翼為財庫，財庫破裂，當然要防破財。但他說他並沒有破財，一切收入都很正常。我奇怪怎麼會看不準？便追問他最近最大筆支出是什麼用途？

他說那是「投資」——他捐獻了七百萬元去造廟，企盼將來菩薩會保佑他，讓他事業順利，財源廣進。他日後賺回的錢，必定是捐獻的數倍。

憑他的頭腦聰明，又肯努力不懈，將來的事業必能發展，財源也隨之廣進，這並不是靠菩薩保佑，所以投下去的七百萬元只能幫和尚或廟宇發財，如果捐助給慈濟功德會、紅十字會、防癌基金會，或直接救助貧窮病患，絕對比造廟更有功德。但因為是初識，錢也已經捐了，我也就不便啟齒，只稱讚他將來會更富裕，鼓勵他以後多做善事，積善之家必有餘慶，便能子孝孫賢。

這也證實了鼻翼象徵財庫，如發現紅絲或生瘡或破裂，要預防破財。

32 桃花眼

又到了吃粽子的端午節。

記得項二叔在世的時候，我託一位從高雄駕車來看相的女性讀友帶了十粒粽子給高雄的二叔。二叔來信說：你家的粽子沒有什麼特別，而你託送粽子的人卻很特別。

不錯，這位女性讀友確是有點特別。她那雙水汪汪的眼睛很吸引人注意，在相術上稱為桃花眼。所謂：「男女桃花眼不宜，逢人微笑動春思，眼皮如濕兼斜視，媚骨歡娛樂且嬉。」因此我問她是不是遭外遇的困擾？

她見我沒有問她姓名住址，也就坦然承認。她說她的丈夫太專注於事業而冷落了她，她於交際的場合認識一位情夫，偷偷地交往幽會。但因為覺得對丈夫歉咎，兩人決定分手。偏偏分手當天發生車禍，把一位老太太撞傷，便把老太太送往醫院急診，幸得外傷無大礙。當時在場有位念高中的學生幫助她將老太太送醫，兩人因此認識。

在老太太住院的幾天，他們都同時去探望，彼此談得投機，不久便發生了性關係。她剛斷了外遇，可是又有了新外遇，這次是一個年紀比她小很多的弟弟。她說自己的命不好，何以不能專為一個丈夫，而外遇不能斷？

我告訴她這不是命，而是她缺少理智，不懂得說「不」。當一個男孩與她單獨相處時，她就感情盲動，禁不起對方的挑逗；如果男孩子膽大，突然地一個擁抱、一個吻，她就任他擺佈而無力抗拒。

我勸她要切斷這段不正常的姊弟戀情，以後絕對避免與任何男子單獨相處的機會，而只與丈夫維持性生活。如果丈夫不在身邊而有性衝動需求時，不妨以性幻想與自瀆解決。不可另找其他的男性，因為外遇的後遺症太多，傳染病、懷孕、捉姦、離婚等，都是很難解脫的煩惱。

兩個不同男性的荷爾蒙在體內衝突，會使人性情乖戾，脾氣變壞，形諸於外則眉毛變亂，眉頭還可能產生油膩的感覺。所以心理正常的人都比較排斥外遇，而能潔身自愛。

古諺說：「男追女，如隔重山；女追男，如隔層紙。」女性的起性很慢，所以只要女性不配合，外遇就難成就。我勸她從此打住，以後絕對避免只有男女單獨相處的機會，相信如此便可不再生外遇的困擾。

吃粽子令我想起項二叔，也想起這位女讀友，不知她後來怎麼樣？能否跳出這外遇的漩渦？

33

臉上的小瘡

劉雪琴小姐從香港來電詢問：她的鼻孔下面、嘴唇上方忽然長出了一顆小瘡，這預兆了什麼？要如何預防？

我第一個反應是要預防腸胃過敏，小心飲食！最容易引起腸胃過敏的食物是魚、蝦、蟹等海鮮，反應的病況是上吐下瀉，或出現痲疹紅腫發癢；有的人對藥物也過敏，感冒吃阿斯匹靈不但治不了，反而發燒，皮膚發癢。

鼻孔下至上唇上的面相部位，古稱「食倉」、「祿倉」，人中的左右稱「仙庫」，都表示與飲食有關。臨時生瘡，也就是飲食方面臨時發生問題，所以除注意飲食外，更宜塗消炎藥膏治療。

這部位又象徵住屋的廚房和餐廳，也講究飲食的烹調藝術，女主人更喜歡親自下廚。如果鼻子與嘴巴距離窄短，對飲食的要求就比較隨便，不熱中於烹調，更討厭清洗飯後油膩的盤碗。所以這部位如生小瘡，也應該檢查廚房與餐廳可有什麼損壞或故障需要修理，或有什麼東西不潔或發霉需要丟棄。

至於人中部位生瘡，則象徵尿道發炎、或生殖器官臨時故障。

研究房屋風水的專家，可以從面相上的部位去捕捉其住家風水。比如可從前額看出客廳，前額如有缺點，象徵客廳有不理想的問題存在；以眼睛看出家裡的門窗，眼睛細小的人，不大喜歡敞開門窗，室內的光線也可能較弱。眉毛和眼睛之間的田宅宮如有多條斜斜的皺紋，外面下大雨時，家裡便會有一層樓飄細雨或漏水。

鼻子象徵玄關和通道，鼻子歪斜的人，不但內心不平衡，家裡走道布置也不正直；為人往往口是心非，明抬暗損，不顧情義，只因私欲。下巴代表兒童房或老人房，下巴氣色暗滯，象徵家裡濕氣太重，衣物容易發霉；也可能腸胃不適，常拉肚子。

如果下巴長瘡，情況愈趨嚴重，兒童房或老人房須大掃除，並丟棄不必要的雜物或裝飾品。下巴如長一顆灰黯色的大惡痣，非但不美觀，而且住家不安定，常常要換房子搬家，家裡的下水道或馬桶也容易阻塞故障而需要疏通修理。更有甚者，兒孫叛逆心重，不顧孝道，或部屬不聽監督指揮，匿名檢舉控告，徒增困擾，所以必須美容動手術割除。

現代醫藥科技進步，美容整型可以將塌鼻子墊高、歪鼻子扶正。只是費用太貴而時效不長，只能維持一時，無法永久。不如修心養性，培養道德觀念，多做好事多助人，徹底改造自己，可保晚年平安。

面相和風水都是從前人們經驗的累積，並不涉迷信。不過時代變遷至今已有反常態，出現是非不分、黑白顛倒現象，所以亂世的面相和風水常看不準。但是天下大勢，久分必合，久合必分，久治必亂，久亂必治，正像經濟循環：繁榮、衰退、低落、復甦、成長、恢復繁榮。因此不必為目前一時的亂象而灰心消極，更要把眼光放遠，堅信將來必定仍是和平、安定，而漸趨繁榮。

34

臉上生瘡的預兆

二〇〇八年的博鰲論壇於四月召開，那時候的準副總統蕭萬長應邀參加，中共待他非常禮遇，座位安排一排元首席，晚宴坐第一桌主桌。與會期間他的上唇、人中下方長瘡，他的夫人說因為他所承受的內心壓力過大，所以火氣上升，以致唇破長瘡。如以相術的觀點，這將有口舌是非，果然隨即應驗。

首先是當時即將卸任的總統陳水扁公開說他坐的不是元首的位置，而是「特首」的位置。中共的善意原是尊重蕭萬長為中華民國的準副總統，而陳水扁卻矮化台灣，將台灣說成是中華人民共和國的特區。他原意是要損蕭萬長，卻不知先傷了自己，他忘了自己當時尚是中華民國的總統。

其次是《自由時報》稱中共禮遇蕭萬長，是蕭萬長以二十五萬美金換來的。這可惹火了博鰲論壇的秘書長，他說：二十五萬美金是博鰲論壇入會的保證金，《自由時報》不查證事實，胡亂發表新聞，這是有失報格，貽笑國際。蕭萬長也說報導錯誤，使他內心非常難過，希望新聞報導要謹慎查證，不可以訛傳訛。

面相學上認為，臉上生瘡是象徵臨時性的災難，看生瘡的部位而有不同的預兆。口唇生瘡，預兆口舌是非，如係女性，死陰唇也可能生瘡。這是皮膚互相感染，應塗消炎藥膏治療。口角生瘡預兆言語傷人或不能保密而惹出糾紛；人中生瘡是尿道發炎，引起小便疼痛，女性的子宮也可能生病，要去婦產科或泌尿科檢查治療。

人中的左右部位生瘡，是腸胃問題，飲食不衛生，消化不良，或對某些食物過敏；法令紋上生瘡預兆與人吵架，或發生被冤枉、被誤會而影響名譽事件。顴上生瘡表示願望不達，謀事不成，想進行的事往往半途殺出程咬金，被搶走契機或受阻擋，而失去希望、無法成功。

鼻子上生瘡，若在鼻樑上半部，象徵氣管、胃、肝、膽，在鼻頭鼻翼部位，象徵便秘、痔瘡。鼻子又是財星，所以破財，被詐騙、賭輸、失竊，在鼻子上也可能生瘡預兆。

眼睛下面生瘡是子女問題；眉毛內生瘡是兄弟姊妹問題；眉毛上方生瘡是吃朋友的虧；眼尾夫妻宮生瘡，是婚姻出問題，如夫妻大吵架；前額日月角生瘡，象徵父母生病；前額正中部位生瘡：要預防與長官、上司、老師、長輩發生衝突；下巴如生瘡，要預防部屬、晚輩作歹事，或家中下水道故障、馬桶阻塞不通等。

35 桃花痣

臉上眼尾外側部位，面相學稱為夫妻宮，如果該部位的肌肉豐盈紅潤，象徵婚姻生活美滿和諧，如果有很多皺紋，心裡不易滿足，事必躬親，勞碌不輟。

這部位的痣也就是桃花痣，表示感情容易衝動，心猿意馬，如遇見心儀的異性，就可能情不自禁，倘有機會兩人單獨相處，便難免激出火花。痣的顏色如係灰黯，更像似饑不擇食，魯莽輕率。

男性左邊眼尾的桃花痣，大多會主動誘惑異性，右邊的桃花痣係被動地經不起異性挑逗，都是意志不夠堅定的典型。即使已婚家有美麗賢慧的妻子，可是在潛意識裡尚存著「妻不如妾，妾不如偷」的邪念，所以無法抗拒桃花豔遇。

三十年前，曾有一位大家閨秀型的貴婦人帶著她的女兒來找我看相，她說她的丈夫是經理級的好男人，只是常常發生外遇，但他深愛妻子兒女，所以她不忍與丈夫離婚。可是待他把情婦的肚子搞大了，才向她懺悔求她出面善後。她替丈夫的情婦安排墮胎，還賠了大把錢，談妥雙方以後斷絕關係。可是幾年之後，丈夫又搞上了另一個女人，她說自己不知如何是好？

她給我看她丈夫的照片，果然是美男子，只是眼尾多了一顆桃花痣。我於是建議她一定要勸丈夫去整型美容，除去這顆黑痣，藉手術加強他的意志力，以控制自己見色心喜的邪念。

現代並不是只有桃花痣的人才會發生桃花事件，沒有桃花痣的人也同樣犯桃花，所以有痣無痣並不重要，應該重視社會教育，重整社會道德，才是目前的當急要務。

根據我為讀者看相的經驗，曾有一位已婚的女性，她的右眼尾有一顆黑色的桃花痣，我告訴她這顆痣象徵她經不起比她年輕的男子挑逗誘惑，所以應該去美容除去。她說這些都已經應驗，她的丈夫就比她年紀小，他們是姊弟戀，不過她不願去動手術，因為怕手術失敗而傷及眼睛。

她隨時警惕只與一群人共處，絕不與別的男性單獨相處，不給別人任何有機可乘的機會，就不可能發生桃花案件。她說她深愛丈夫與孩子，憑著意志力，就可以避免命運的捉弄。

如果缺乏自信，除痣也不一定能躲過被猥褻或侵害，我深深同意她的想法與實踐。

36 養子紋

我們的社會從前過於封閉，一直認為「性」事不宜公開談論，所以普遍缺乏正確的性知識，造成許多婚姻的不幸。如果我們的社會能重視性教育，而不以「偷窺」的心理去看待問題，的確能消弭許多不幸於無形。

彰化一位結婚多年且已有子女的婦女，因面臨離婚問題，透過我熟悉的朋友陪她來找我看相。我看她笑的時候，鼻子上露出許多縱直的「養子紋」，且嘴唇皮較薄，便能猜出一二。

養子紋是小時候對不平不滿的事情「嗤之以鼻」所養成的習慣，皺皺眉頭蹙鼻，表示不屑、不以為然的無言抗議。這種習慣日積月累，就會在鼻樑上留下了縱直皺紋，所以稱「養子紋」。

這種人喜歡認乾爹乾媽，或喜歡認朋友的子女為乾兒子或乾女兒。另外，據日本色情相家的研究：女性鼻樑上有皺紋，陰腔裡也有皺紋，這可以增加夫婦閨房之樂的快感，但也容易刺激造成丈夫「早洩」。

如果夫妻有足夠的性知識，因為女性的起「性」較慢，所以必須有足夠的「前戲」愛撫，或先使女性獲得性高潮，然後才進行性愛接觸，這樣便不在乎交媾的時間長短或次數多少，雙方都能感到滿足與歡愉。

但雙方若缺乏性知識，忽略了前戲的重要，男性最敏感的部位觸及有皺紋的陰腔內壁，沒幾下就洩了。

以前的女性雖然不滿也不敢講，現代的女性很可能直接反應譏笑丈夫差勁早洩。也許只是無心的一句話，卻傷了丈夫的自尊心，甚至產生嚴重的自卑感，形成心理障礙，以後不但早洩，還可能演變成「不舉」，硬不起來。而且日常生活中往往會為芝麻小事而發生口角，雙方的距離漸漸拉遠，感情也漸漸疏淡，相對無言而終究分床或分房。

這位女子的丈夫到大陸經商，過了些時候，終於有朋友告訴她：她的丈夫在大陸包了二奶，年紀只有二十幾歲，無論姿色、學歷、能力都不如她。她想自己的丈夫已是性弱無能，怎麼可能包二奶？所以半信半疑，及至丈夫返台渡假，發覺他對性的興趣仍然缺缺，經旁敲側擊不斷盤問，終於查出真相。

她的丈夫在大陸並沒有吃藥打針醫治，遇到大陸的這位小姐後，居然能恢復雄風，重新又有性生活，可是回到台灣卻又不行了。這可把她氣得一佛出世，二佛涅槃，兩人免不了大吵大鬧。她不知道應該提出離婚分手？或是該去跳樓自殺？

我看了她的手相，她的結婚紋只有一條長長的，並沒有分叉紋，上下雖然有副紋，但都短短不十分清晰。所以勸她不必離婚，離婚再嫁，不見得比現在的好。她沒有不測紋（從指根向下衝斷生命紋的危險紋），所以不會想不開去自殺，只須挽回丈夫的心，就可以將丈夫奪回來！

她說現在丈夫不願意碰她，怎麼能挽回丈夫的心？

我說：女為悅己者容，先要打扮自己，保持笑容，絕不可皺眉頭、蹙鼻子。晚上待孩子睡了，以愛撫鼓勵丈夫恢復男性的信心。不能急，欲速則不達，要以愛心、細心、耐心善待丈夫，幫助他消除心理的障礙，以後絕不能再以言語傷害丈夫的自尊心。

也不必強迫丈夫立刻忘了二奶，但要勸他記得使用「保險套」，以免懷孕或染上性病，增加處理的困難。如果仍用舊時代老辦法「一哭二鬧三上吊」或緊迫盯人，禁止通訊、用錢打發，反而容易激起反感而弄得無法善後。

我們時時刻刻要心平氣和，不要逞意氣，不要慌張情急或隨便說話。世上最大的敵人是自己，如果能把握控制住自己，便不怕任何厲害的情敵！

37

看相猶如心理醫生

那天，魏醫師電話說他與太太要專程前來看我，不久他們的汽車便停在我家門前，魏太太是由魏醫師抱著進來，看情形病得很嚴重。我抓起魏太太的兩手仔細看掌紋，發現她的左掌感情紋有重疊的斷裂，右掌沒有，而兩掌的生命紋都完整沒有斷裂或島紋，只有分岔細紋。所以對他們說：魏太太的心臟病並不十分嚴重，不會有生命危險，不必害怕！

原來，幾年前我曾替魏太太看過相，她的左掌感情紋有細微的斷裂，所以判斷她有遺傳性的心臟病。她回去後曾量血壓、照X光、做心電圖檢查，認定心臟並無毛病，也就不在意而漸漸忘了。怎知前天突然發病，臉色蒼白、四肢冰冷、心絞痛，經檢查係心臟瓣膜出了問題，需要開刀療治。她嚇得精神崩潰，以為已瀕臨死亡邊緣，想起我的預言，因此先來找我看相。

其實魏醫師是頗具盛名的外科醫師，他曾為許多病人開刀動大手術，因為年已六十，不再親自操刀，只擔任醫院院長。他的太太只要開刀割除已壞的瓣膜，換個不鏽鋼的新瓣膜，就可治癒。這是心臟外科的小手術，危險性只有百分之五。可是魏太太聽說要剖胸割心就害怕得不得了，連走路都感軟弱無力，堅持要來看相，看自己是命當該絕或命不該絕！

左掌的感情紋斷裂，也象徵她的父親有潛在性的心臟病，魏醫師證實他的岳父確實有心臟病，但並不是心瓣膜的問題，現在他的岳父還好好活著。我告訴魏太太不必擔心害怕，常言道：「醫不自醫，卜不自卜」，要魏醫師將太太送往台北台大醫院找著名的心臟外科醫師開刀療治，絕對可以平安康復。魏太太聽了我的分析，終於露出了笑容，她向我深拜致謝，從椅子上自己站起來走，拒絕魏醫師抱她。

我想，自己這次扮演的是一位心理醫師，給她安慰鼓勵，幫助她治療。她很可能係在更年期，長久的焦慮及內分泌失調，而引發心臟病。

在台灣，尤其在選舉期間，有很多人因為情緒焦慮而引起內分泌失調，覺得自己心神不寧，易發脾氣，常常失眠，頭暈胸疼，看法悲觀。如果自己支持的候選人落選，而被認為不公平不該輸的，那更不得了。有糖尿病的血糖升高，有高血壓的血壓升高，稱之為「選舉症候群」。這時醫生會要求病患多喝水，放鬆情緒，舒解心頭的壓力，欣賞輕音樂及逗趣的喜劇。

更重要的是保持樂觀的心情與笑容，有首兒歌提示：「一笑煩惱跑，二笑怒氣消，三笑怨仇解，四笑病魔逃，時常開口笑，壽比南山高。」實在很有道理。

一個人如果每天多笑，臉上的皺紋自然少，容光煥發，不但健康長壽，而且和氣生財，家庭也和睦幸福，人人知足常樂，社會自必趨於安定！

註：臉上兩顴如有惡痣，也容易患心血管疾病，必須注意預防，每天量血壓，多走樓梯多走路，勿做劇烈運動。避免生氣，更要注意飲食，盡量保持清淡，少鹽少糖，遠離菸酒，以保健康。

38

胎記與紋身

有些孩子一出娘胎就帶著胎記，胎記有大有小，小如蠶豆，大成一片，顏色烏青，有濃有淡。胎記的位置，有的在臉上，有的在身上，終生保留不褪色，做父母的看習慣了也就成自然。

有個讀者額角就有一顆蓮子大的胎記，位置恰在遷移宮。我說他不宜在海外經營事業求發展，果然他到大陸投資，原希望「生意興隆通四海，財源茂盛達三江」，誰知辛苦了幾年，依然是「竹籃打水一場空」。更糟糕的是，他太太懷疑他留戀大陸是偷養二奶，提出要與他離婚。因此他只得放棄大陸投資，回台繼續老本行。可見得胎記也像痣疤會影響命運。

不過，痣疤的影響比較大，尤其是惡痣，也就是顏色灰黯的痣。最近我看一位從大陸來台灣觀光旅遊的親友，他的右眉裡藏著一顆惡痣。流年相法以雙眉象徵三十一歲至三十四歲運程，右眉是三十二歲、三十四歲，這幾年的運氣必定很壞。

他說確是很壞，眉毛代表感情曾受重挫，因此離過婚，第二次婚姻才獲得安定。眉毛又是兄弟宮，左邊眉毛象徵兄弟，右邊眉毛象徵姊妹。我問他的姊妹怎麼樣？他的現任妻子代他回答說：他的三個姊妹在抗戰期間遭飛機轟炸而死。我因怕觸動他的傷感，不敢再追問下去。

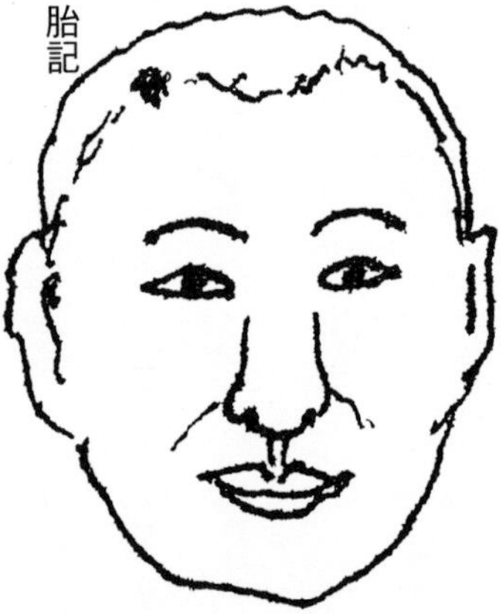

眉內如有顏色黑或朱紅光澤的痣，稱為「眉裡藏珠」，象徵頭腦非常聰明，

並且會有一位非常成功的兄弟或姊妹，可以幫助他的事業和財富。

痣或胎記如在身上，因有衣服遮蓋，雖也影響命運，但影響程度比較輕微，所以古相書都少見提示。但現代年輕人卻喜歡紋身，動物、花卉、文字、圖案、爭奇鬥豔，甚至塗上各種色彩，以為神氣美麗。這是自尋煩惱的錯誤觀念和行為，不但針紋痛，還浪費金錢，更而破壞了原有的優點。我們常在電視新聞裡看到那些被警察逮捕的菸毒犯、搶劫強暴的嫌犯，幾乎都有紋身的記號，足證紋身對命運有著負面的影響。做老師、父母的，應該告誡學生、子女，不要學壞隨流行紋身，只會有害無益。

39

相隨心改

兒子的同學介紹他的妹夫來看相，我看了他的面相和掌相，分析他的過去、現在、未來，以及個性優點與缺點，指導應如何改進言行及表情。只見看他一臉茫然地問我：「我們素不相識，你怎麼能從我的臉上看出我的過去、現在、及未來？」我說：「你的臉就是一張履歷表，它可以告訴我這些。相術就是統計學，如果你想學，多看相書也可以學會」。

「那你怎麼知道我的住家潮濕？地下水管破裂？馬桶常常故障？」他又問。我說：「那是從你的下巴看出來的，你的下巴長出一些豆瘡，這就表示你的住家潮濕，家裡的東西容易發霉，並且影響你的腸胃，很容易拉稀瀉肚。」「那怎麼辦？」「只好修換舊水管，並利用除濕機除濕，食物發霉立刻丟棄，不宜再食用！」

下巴可以看住處的安定與否，如果有一顆漆黑發亮的痣，住家一定講究華麗；如果是一顆灰暗色的惡痣，住家就不可能安定，搬來搬去地常換房子，馬桶故障或水管破裂漏水更為嚴重；常常吃部屬或傭人的虧，甚至被陷害匿告。

一個人的感情、晚景、忍耐力、人際相處關係，以及心臟的強弱，都可以從下巴的形狀窺出端倪：雙下巴的人擁有的房屋不只一棟；下巴戽斗的人，結局往往很悲慘，以前電影明星大戽斗、小戽斗都曾經極一時，後來卻是貧病交迫，不知所終。

古相書有云：「相隨心改。」這是說：面相或手相所顯示的缺點，如果誠心積德行善，面相或手相都可能隨著改好，但美容整型改變的只是表象。

曾有一個人來看相，我發現他的手掌生命紋內部金星丘上有一方塊紋，這預示將有幽禁或牢獄之災。我問他可有想出家當和尚？他搖搖頭，表示並沒有出家的念頭。我於是告訴他千萬別與人訴訟或做違法的事。

很久以後，他又來看相，那方塊紋已經不見了，他才告訴我實情。原來他是一家大醫院的副院長，那時院方決定要添購一批高級醫療器械，預算達數千萬元，由他負責辦理。於是就有廠商找他商量，如設法讓其得標，可致送鉅額回扣。

但他考慮凡事要想人不知，除非己莫為，如果將來東窗事發，恐怕真應著牢獄之災，於是他想好妥當的「理由」辭去副院長不幹，到國外去散心。因為發現自己掌紋已不見那方塊，所以再來看相，確定一下以後是否仍有災禍。

遠離是非之地，決心不幹歹事，果然能避凶趨吉而相隨心改，如多做善事，修心積德，更能自求多福！

註：方塊紋原為保護紋，如生命紋斷裂，而有方塊紋連接，表示雖有生命危險，但因方塊紋有保護功用，所以化險為夷，不至於死，僅有驚無險。若方塊紋單獨存在於生命紋內側，則預兆自我禁閉或牢獄之災。

40 別忽視斑癜

有次，我在運動場上散步，遇見已退休的黃老師，他的左手臂上一大片幾乎半臂烏青，很明顯是碰撞受傷瘀血。一問之下，果然，他在十字路口被年輕駕駛撞傷，照過X光，幸好骨頭沒有斷裂。朋友勸他去看中醫，用熱敷驅散瘀血烏青，好久以後，瘀血只剩下一小塊不褪，醫生只好開刀排除。

我很自然地注意到他的眉毛，因為相書上說：男性的雙眉象徵雙臂，左右法令紋象徵雙足。在他的眉毛有一斑癜，不知是否係老人斑？當時與我一起散步的朋友並不知道我是飛雲山人，我不願暴露我會看相，所以不敢多問。不過據黃老師說，他是第四次被碰撞，這次傷得最嚴重。也許這不是老人班，而且很早就有的斑瘢。

班瘢在面相學上是次於痣及疤的負面記號，也就是說負面影響的程度不如痣或疤。斑瘢因出現的部位而有不同的影響，程度雖然不如痣和疤，但也要加以預防。能夠多一分注意、多一分預防，就可以避免或減輕災害的發生或程度。

麻衣相法《神異賦》有「面多斑點，恐非老壽之人」的說法，臉上斑點多，神氣就哀，疾病的抵抗力也差，所以運氣逆多於順；因為自以為醜，自卑感作祟，心情沮喪焦慮，不容易長壽。現代醫藥知識普遍發達，嬰兒出生就預防接種，所以沒有天花，麻疹之憂。如果出天花，臉上變成麻子，其一生的事業和婚姻都會受極負面的影響，災禍的來臨也猝不及防，應著「面多斑點，死非老壽之人」的讖言。

青少年時期的男女，以及更年期的婦女，最討厭的是臉上冒出青春痘。這是由於體內的性荷爾蒙分泌過盛，引使臉上皮膚毛細孔阻塞，以致出現這些惱人的症狀。如果處理不當，感染細菌，造成腫塊或化膿，將來可能留下斑瘢疤痕。別以為青春痘事小而不去理睬，如果很癢用手去抓，破了皮流血，將來留下了小小的斑瘢瘡疤，便免不了麻煩的遭遇，所以還不如早治為妙。

41 蜂窩性組織炎

有一天，我的左邊法令紋上生了一顆小瘡，我擔心自己將有口角是非或受冤枉。退休已十幾年，與世無爭，怎麼還與人吵架？當然還是抱定「忍耐」，不與別人爭執。不過根據小人形相法，法令紋象徵雙足，難道會是「跌跤」使足部受傷？

九月「天同」「巨門」落陷，運氣差，但不知道什麼時候扭傷，便在腳背貼上一張「撒隆巴斯」，下午四點照舊去散步，走了一個小時。翌晨睡醒腳背紅腫更疼，我想會不會是昨天不該走路，扭傷怎麼更嚴重了？便換貼大陸同仁堂的狗皮膏藥，但貼了兩天的狗皮膏藥仍沒有見效；幾天後，我騎車到醫院急診室注射胰島素，護士小姐見我走路一拐一拐的，問我為什麼？我說是腳背扭傷，她掀開狗皮膏藥察看後說：「李伯伯，你這不像是扭傷，好像是蜂窩性組織炎，你要去外科門診。」我不知道什麼是蜂窩性組織炎，但因為認識外科大夫胡聰仁，便到胡聰仁診所掛號求診。

胡醫師洗去了我的腳背上膏藥，便要我直接住院。我問他有這麼嚴重嗎？胡醫師說：「你有糖尿病，患蜂窩性組織炎如不急治，輕則截肢，重則致命，怎麼不嚴重！」

據一位女醫師告訴我，蜂窩性組織炎是傷口流血感染細菌發炎，但我的腳背並無傷口，可能是被蚊子咬了一口，抓癢流血而感染。紅腫愈來愈大，應用冰敷消炎，而我卻貼狗皮膏藥，所以發炎嚴重。

我住院八天，胡醫師用三種不同的抗生素針劑輪流注射，其中兩種每八個小時一針，一種六個小時一針，每天等於注射十針，整天掛著點滴，不許下床走路，走動促進血液循環，怕細菌進入心臟危險。

後來病情控制住了，可是仍有一塊紅腫未消，胡醫師給我吃「凱復力」消炎，吃了兩天，未見功效，所以他決定動小手術將紅腫用小刀剖開，將裡面的膿血擠出來。之後再打三天的消炎針、吃「凱復力」，繼續觀察了兩天。我前後住院半個月，總算保住了右足，不必截肢。

糖尿病患者要特別注意保護足部的健康，如果不小心被蚊子咬，或剪腳指甲，或長水泡戳破出血，要立即到急診止血消毒殺菌。如果被細菌感染，就會跟我一樣得蜂窩性組織炎，紅腫從足開始，擴大至足踝、小腿、大腿，就可能截肢或有生命危險。

我替別人看相，卻不知法令紋上的小瘡會給自己帶來這麼大的災病；我看了很多有關糖尿病預防與治療的書，卻沒看到蜂巢組織炎的預防與治療。不經一事，不長一智，我總算又學會了一招。

42 神祕人的掌紋

二〇〇四年雙十節，朋友拿一張掌紋圖要我分析，我問這掌紋今年幾歲？他說虛歲五十五，我不禁皺上眉頭，因為他的事業紋只到感情紋，在感情紋上面既無事業紋，也無太陽紋，一片空白。我問朋友這人是不是想提早退休？朋友說不是，我認為這人將面臨困境，恐怕非退休不可，這將是明年的事。

這掌紋的感情紋只到中指下面，表示他的感情非常自私，心裡只有自己，沒有別人。而且看不見婚姻紋，所以他的愛只掛在嘴上和床上，嘴裡說得好聽，山盟海誓，下了床就什麼都忘了。說白了，他的愛只是表演性質，只有「性」，沒有「情」，外表看不出來，可是掌紋卻洩漏了他內心的祕密。

事業紋起自生命紋，所以他非常努力經營自己的事業，虛歲三十五至五十五歲不但事業鼎盛，也有太陽紋扶助。可是此後卻一落千丈，連東山再起也困難。

他的頭腦紋起自生命紋頭端，抓住機會就下決斷，這就是他的成功要訣。但也因為過於自信，難免抓錯了機會。可是他不會認錯，往往錯下去，錯到底，不肯回頭。頭腦紋的尾端分岔，如往好的方向發展，懂得多，能從各方面吸取知識，適合做政治人物。如往壞的方向發展，就成為心口不一，說的是一套，做的是另一套，像放羊的小孩，騙人說：「狼來了！」被騙的人愈多，他愈感快樂，愈以為自己的聰明才智高人一等。

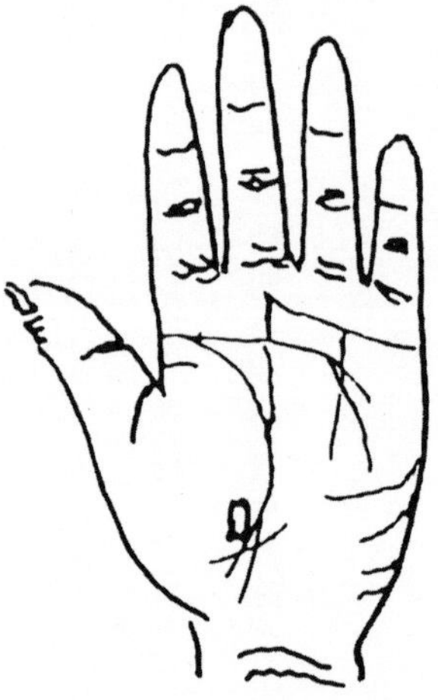

他的生命紋下端分岔，晚年健康恐不見好；出現戀母情節紋，因此可能有依賴性。大師李敖曾說：女人有三可怕，少女時期像聖女，神聖不可侵犯；中年時期護子女，發威像老虎；晚年時期像鬼魂，糾纏得可怕。

這位掌紋的老兄，可能是李敖的信徒，不怕老婆不發財，怕老婆才錢多多，所以他一定怕老婆。怕老婆的人不一定對老婆忠實，如果老婆無法滿足他的性需求，他會偷偷尋求性的發洩。他也像李敖大師──愛抗爭，他的反抗紋多條且非常明顯，所以他的抵抗性格非常激烈，一生都活在是非抗爭中，他的抗爭史，也就是成長史。

我問朋友這掌紋的人是誰？朋友搖搖頭，始終不肯告訴我這人是誰！

43 掌紋的準確性

根據我看相的經驗，印象最深刻的是一次某國立大學邀請我去演講，當時一位兼任命相研究社社長的同學詢問我關於婚姻紋的問題。他說別人的婚姻紋是從掌邊向掌內伸延，而他的婚姻紋卻是從掌邊向手背伸延，他找了好多手相書籍，仍不知道這代表什麼意思。

我思索了一下，回答說：「背道而馳！」

他狀若恍然大悟，他說：原來如此！他回憶過去交女朋友，一旦發現真正愛上對方，便喜歡干涉她的言行和打扮，要她好上加好，美上加美。結果當他向對方求婚時，對方立刻掉頭而去，讓他飽嘗失戀的痛苦。一次又一次的失戀，讓他因此不敢戀愛。

我期勉他要改變觀念，欣賞異性好比欣賞美麗的大蝴蝶，如果以扇子用力去撲，牠必定逃飛，待牠飛過牆，不但捕捉不到，連想多看一眼也困難。如不改觀念，即使結了婚，也會以離婚收場。

可惜後來我沒有再和他聯絡，不知後來怎麼樣。

另一則也是婚姻問題。很久很久以前，一位國小女老師來看相詢問婚姻，她的婚姻紋上有一個島紋。據說當時她和先生已經分居，她不知道兩人是否從此離異，或以後仍有復合的可能？

根據她手相顯示，島紋在婚姻紋的中間，不在尾部。如果尾部是分岔紋或島紋，將會以分離為結局，在婚姻紋中途有島紋，表示為某種原因鬧分居，如果能原諒對方的過錯，過了一段時間，將來還有復合的機會。

我並不認識這位女老師，所以我並不知道她的婚姻狀況，為什麼要分居？後來才有人告訴我：這位女老師是一位殺人犯的太太，她的丈夫經營建築工程去參加一項鉅大工程投標，繳了一千萬元押標金，可是沒有得標，他要求退還押標金，主辦單位認為他違反規定，不准退還押標金。

這筆錢是他借來的，債主逼他還錢，當時一千萬是鉅額數目，他就是變賣家產，也不夠還債。最後逼得他走投無路，氣得他向別人借了一把手槍去威脅主辦人要他退還押標金，主辦人料想他不敢真的開槍，罵他沒種，他一時失去理智，當場將主辦人擊斃。主辦人的妻子正在旁邊，嚇得昏倒送醫，竟成為植物人，所以法院判他死刑。

如果我事先知道這些事實，我不知道還會不會跟她說他們的婚姻仍有復合的可能？

幾年之後，我聽說這件官司經上訴覆審，再上訴又覆審，由死刑改判無期徒刑，由無期徒刑改判有期徒刑，最後因為他在牢獄中表現良好，終於獲准假釋，夫妻果然復合。掌紋所預示的準確性，確是令人不可思議。

44

到大陸經商

求問者（男）希望到大陸去做生意，不知能否順利？

一個人能否經商，要看小指與無名指能否併攏。有的人小指與無名指始終併不攏，便缺乏做生意的才能，也就不適合經商。

手掌中央的直紋象徵事業的進程，如果沒有斷裂，表示事業進行順遂。事業紋到感情紋若沒有出頭，過了五十六歲，便消失事業心，數饅頭等退休；如果衝過感

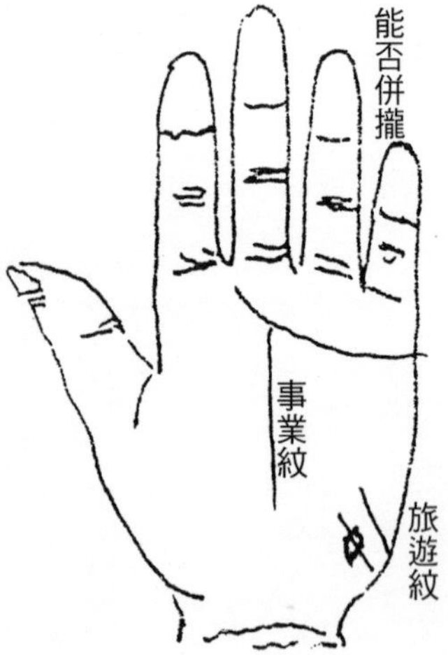

情紋、直向中指，便是活到老學到老，不服老，仍要繼續努力。

到大陸如是旅遊，旅遊紋在掌的底邊太陰丘。旅遊紋上如有島紋，在旅遊期間難免生病；旅遊紋斷裂，恐遇有驚險事件；如有方塊紋，則有驚無險，可獲平安。

45

晚年生活舒適

求問者（女）的左手生命紋和理智紋開頭合在一起，右手生命紋和理智紋開頭分開，因此具有兩種不同性格。年輕時膽大外向，什麼都不在乎，遇事不計後果，決定做了再說。婚姻也很可能是閃電式的，只要當下相愛，就能成為佳偶，是否可以白頭偕老就很難說。

但左手的性格內向，遇事會考慮細

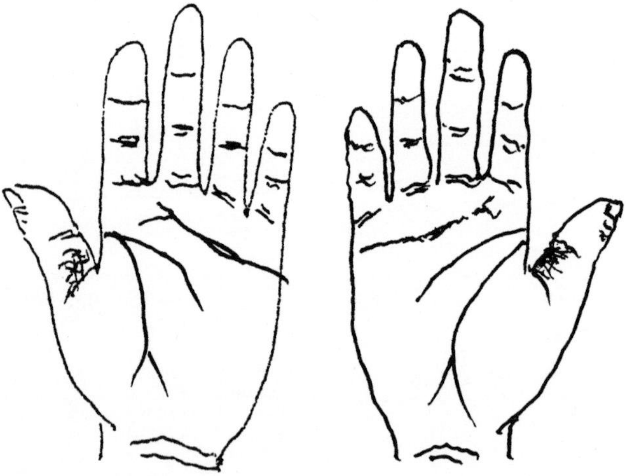

節，顧東顧西，不敢遽下決定。所以能處理大事，擬定計畫、按照計畫進度進行，能成為最理想的幕僚人才，在事業上按步就班，遂理想進展。

只是感情方面並不如事業，在感情紋中間有島紋，並且底端分岔。因此感情會遇到挫折而沒有結果，且有空窗期，最後分手必帶來傷感與痛苦。

兩手生命紋的尾部都有明顯的分岔紋，預示晚年要移居海外；有很多財富紋，晚年的生活將過得很舒適。

46

有恆為成功之本

求問者（女）小時候曾患百日咳、氣管炎，身體很虛弱，對疾病抵抗力很差，這點從生命紋的上半段都是鍊形紋可以證明。所以要注意保養，飲食要均衡，定時定量，多吃蔬果，忌食生冷，每天要運動，要活就要動。

生命紋下半段有一交叉的短紋，這往往是戀父情結的表徵，表示喜歡年長的異性。但千萬要記得不要介入別人的

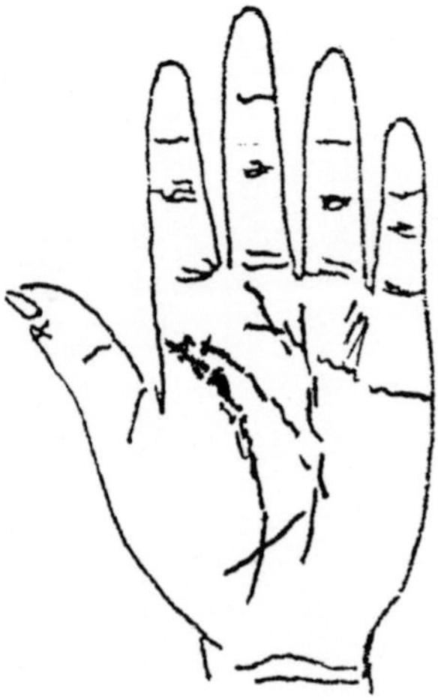

婚姻，戀上已婚的男性，做別人的小三。

在感情的路上會走得很辛苦，走走停停，未到定點就分手。所以宜遲婚，待感情成就穩定，再談婚姻。

多才多藝，興趣廣泛，喜歡挑戰困難，因此工作變動大。要堅持有恆為成功之本，成功機率自然比較大。

47

雙重感情紋

求問者（男）擁有罕見的掌紋——雙重感情紋，因此非常重感情，對別人要求不忍拒絕，所以只宜從事藝術工作，雕塑、繪畫、編劇、寫作等，都可能成高手。

不宜管錢，尤其是大機構的出納，就怕別人要求調度，說好只借兩天一定歸還，可是兩天之後不見人影，已經逃之夭夭，借款卻要你賠償，還要受懲處

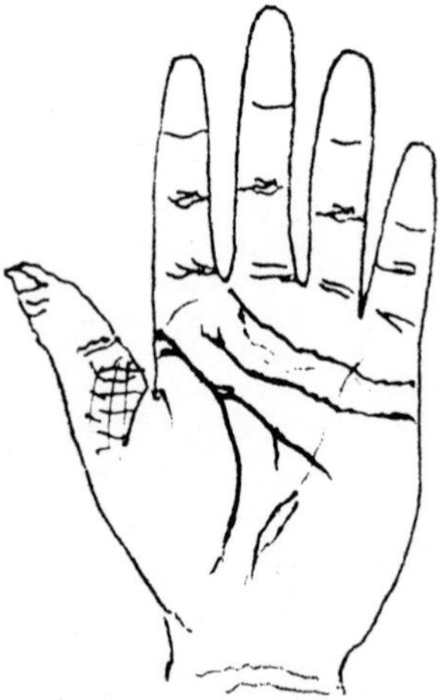

坐囹圄。

因為太富感情，在婚姻方面也難專一，重婚犯刑法，或因介入別人的婚姻而犯罪。舊時代的三妻四妾，只能見於戲劇或言情小說，不可能在現實社會中出現，因此罕見的雙重感情紋，弊多於利。

健康紋上出現大島紋，很可能是長期性的病症，要到大醫院做全身檢查。有病宜及早治療，現代醫藥科技很進步，有病一定可以治癒。

財富紋很旺盛，一生皆可過著富裕的生活。

48

做事有計畫，成功機率較大

求問者（女）兩手的理智紋開頭都在生命紋之上，希望自由，反對傳統拘束；女孩子有著男孩子的性格，大膽衝動，做事說話有時不經過大腦，隨機應付或衝口而出。

求問者在念小學時，導師很不喜歡她，認為她是不聽話的學生。但她不在乎，自我很努力，所以成績不錯，拿獎學金念大學，畢業後就有工作，一切都

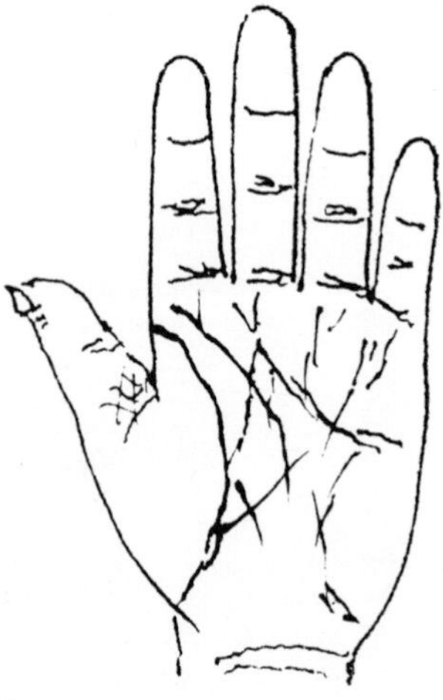

很順利。

不過，做事要有計畫，不能僅憑小聰明任事。她有計畫卻經常改變，如能依計畫進行，一切細節多加考慮，成功機率會更大。

結婚後要定期健康檢查，生命紋下半段有島紋，可能是住院開刀治療的預兆，會在健康檢查時發現。因此不可疏忽健康檢查，也許是子宮肌瘤之類的毛病，住院開刀後便無問題。

49

金星帶

求問者（女）感情很豐富，在感情紋上有弧形的金星帶，這等於是副感情紋，異性朋友很多，適合擔任公共關係工作。最初也許是從服務生開始，但是她很努力而且力求上進，參加考試升等終於出頭。

她應該知道做事要有計畫，依計畫進行比沒有計畫隨機應付為強，所以以後盡量依計畫衝刺，逐步走向更成功的道路。

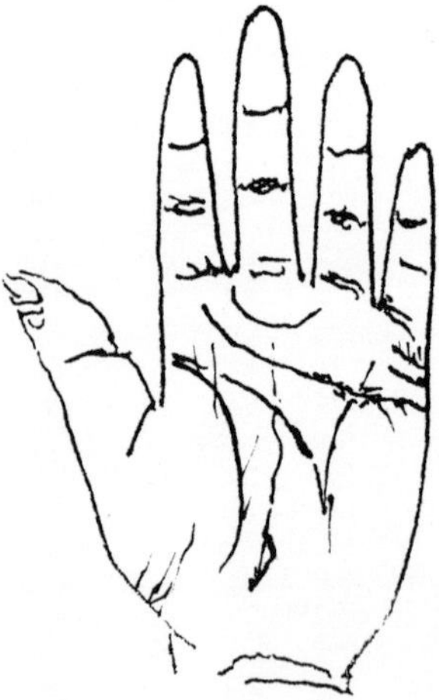

可是她在結婚生子方面都沒有計畫，可能早婚，生育的都是兒子，沒有女兒。男孩子哥哥帶弟弟，個個都能莊敬自強，不必操心，這也是福氣。

50 說一丈不如做一尺

男孩子需要當機立斷，求問者卻任何事都考慮過頭，以致優柔寡斷而錯失良機，連婚姻都如此。

很會幻想，許多事只會想而不去做，結果只是一場空。常言道說一丈不如做一尺，絕不能相信多做多錯，少做少錯，不做不錯，結果只會一事無成。

三十五歲左右，事業有大變動。

婚姻對對方有壓力，可能是對配偶

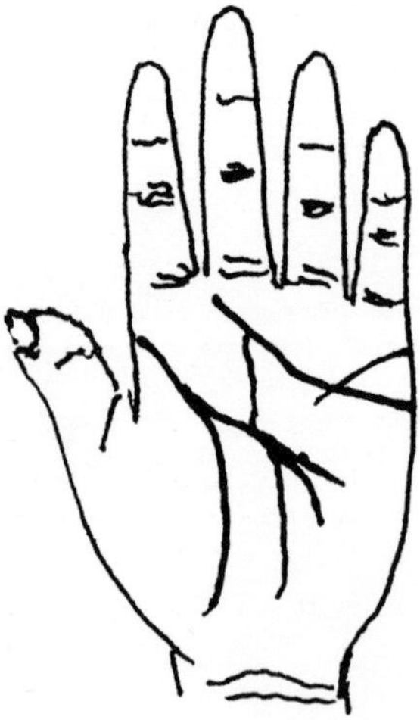

要求過高，會讓配偶時時處於緊張狀態，這樣的婚姻就不會安定快樂。必須使情緒放鬆，不要給配偶任何壓力，包括化妝穿著及說話態度等，讓對方自由自在愉快。

大拇指的長度要到食指第三節的中點，如較長或較短，將來會禿頭落髮。這是基因問題，目前尚無藥物可以治療預防。所以如發現落髮，不必去求醫或擦什麼生髮油，如不喜禿頭可以購一頂適合自己臉型的假髮戴用，比較省錢省事。

51

家庭幸福從互相尊重開始

求問者如果是秘書，就必須慎防老闆情誘，因為她有戀父情結，並且有島紋，內心渴望著父愛，容易被年長的異性掠誘上床，過著痛苦又甜蜜的矛盾生活。以她的聰明能幹，可以做更好的職位，不必戀棧「小三」的身分。

三十五歲是改變工作環境最好的時機，以後一切重新開始，事業也能重新出發。

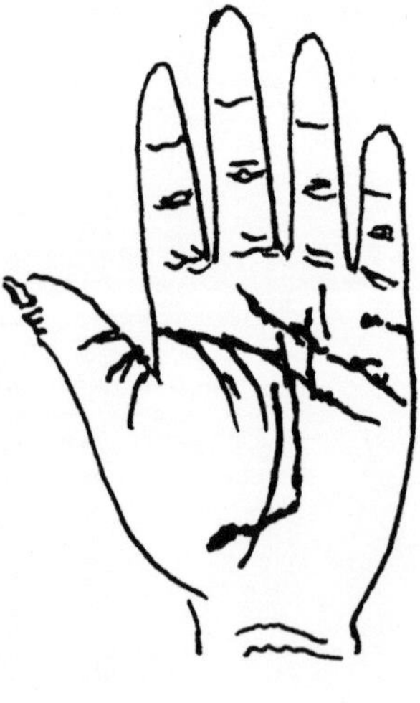

婚後也許會覺得結婚的對象處處不如自己，因為自己已見多識廣，比以前進步。但另一半很佩服、敬重她，重要的事都由她決定。因此她也要知足，必須重視對方的意見，雙方互相尊重，方可平平安安地相處。家庭幸福，事業才會跟著順遂，這就是福！

52

當機立斷的男人性格

求問者（女）生命紋短，更年期後缺乏疾病抵抗力，恐遭疾病糾纏，苦不堪言。結婚紋下彎，壽命應較丈夫為長。

平時她的丈夫對她相當尊重，兒女的婚姻、家庭大事都讓她作主，因為她有男人的性格，當機立斷，從不錯失。

她雖攬家中大權，卻從沒有讓人感覺她的丈夫怕老婆，這就是她成功的地方。

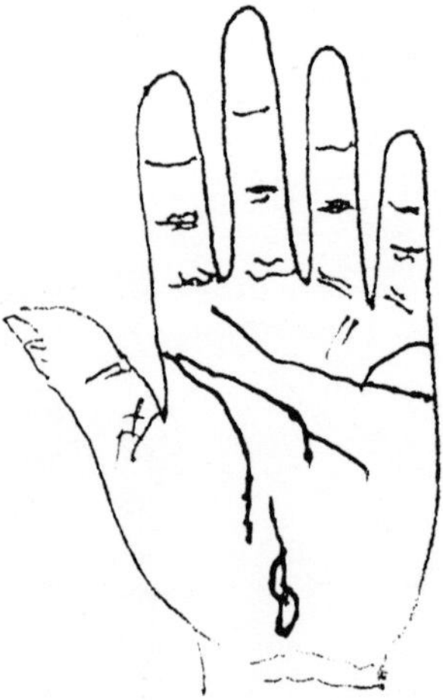

53

控制不發脾氣

求問者（男）的小指和無名指無法併攏，所以不適宜從商；又理智紋起點在生命紋起點之下，與生命紋交叉而過，所以不能發脾氣，一發脾氣就像點燃炸彈般，完全失去理性，炸毀一切，不論是非對錯，都被毀了，事業、婚姻都會受到影響。因此，要學忍耐，忍片刻風平浪靜，退一步海闊天空。

有戀母情結，依賴性重，喜歡年長

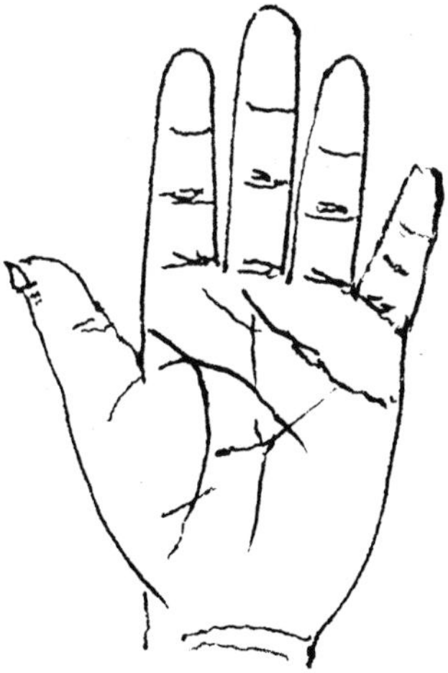

婦女。婚姻選擇不妨比自己年長者，但要避免大三歲或大六歲。

每兩年要到大醫院做健康檢查，驗血、驗尿、驗大便，如發現什麼疾病，馬上治療，便可健康長壽。

54

戴戒指

求問者（女）戒指不宜戴在中指，否則將對自己的計畫及表達能力造成壓抑。也不宜戴在小指，小指代表子女，會抑制到他們的發展。應該戴在無名指，讓自己不浪費，抑制自己的物欲。

事業上雖一帆風順，卻有健康上的困擾，建議找一家大醫院做徹底檢查，發現問題立即預防或治療，祛除不安，消弭困擾。

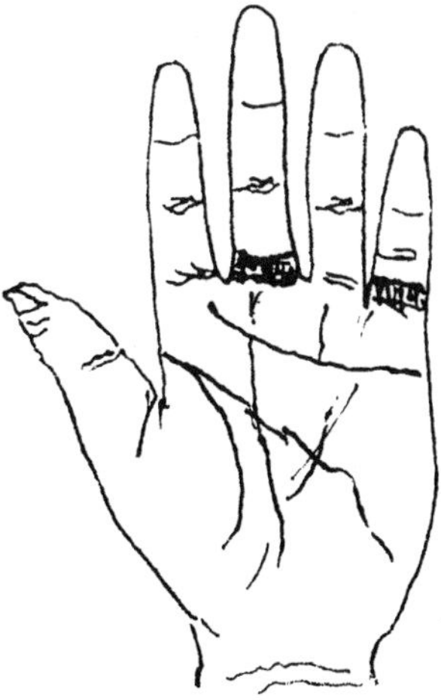

無名指下的太陽紋表示多才多藝、興趣廣泛，應該選擇最喜歡的去發揮。理智紋很長，快到掌底邊，可以從事寫作著書立說。平時更應該多運動，以促進身心均衡發展。

55 寵愛紋

求問者（女）年輕時變動多，工作環境變來變去不穩定，三十歲以後才安定下來。那時身體健康有問題，經常要上醫院，情感也不順遂，不斷失戀。這些都可以成為過去，但必須注意保健，以免晚年身體衰弱支持不住。

無名指第三節上有寵愛紋，又稱「外力協助紋」，當有困難時，會出現貴人幫忙解決問題。小時候受父母寵愛，念書時受老師寵愛，唯結婚後寵愛紋的效力漸漸消失，沒有以前那麼見效。

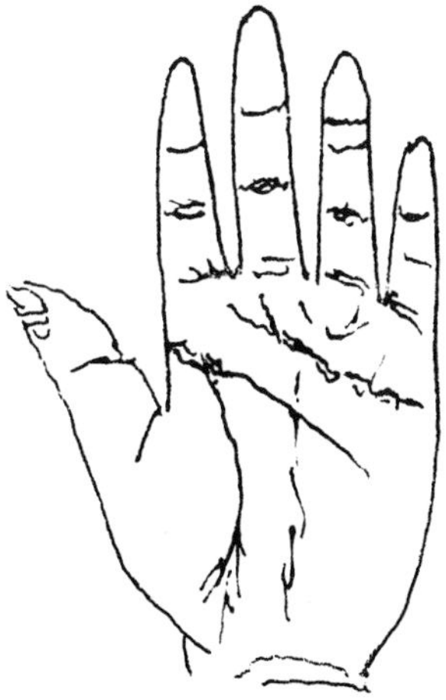

56 才能保留紋

求問者（女）的兩手生命紋與理智紋開頭一合一分，因此性格外向又內向，有時很大膽且大而化之、不大顧慮細節；有時很細心，考慮很週全。如果遇到大事有計畫，處理細心而週全，就會成功。倘若對任何事都大而化之、隨機應付，就可能遭遇失敗。換言之，成敗關鍵操在自己的決定。

中指第三節多了一條才能保留紋，

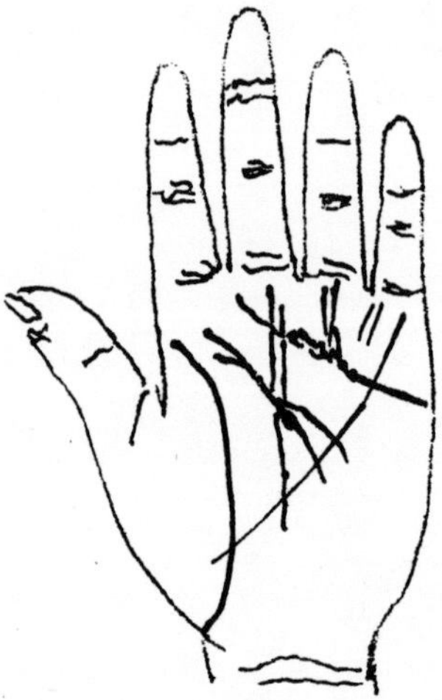

代表多才多藝，深藏著處理大事的才能。有人喜歡出風頭、愛表現，而她卻裝「無能」，反應遲緩，笨笨的不動聲色。

出風頭容易樹敵，遭人嫉忌而設計陷害，受到裁贓，還可能遭受四面圍攻，讓人有口難辯，無法申冤。不過不出風頭裝無能，將容易被人看衰，沒有人瞭解你，也得不到奧援。因此說有才能保留紋是優點也是缺點。

57

相隨心改，掌紋也在變

求問者（男）是不斷努力的類型，不但健康有進步，事業也隨著起步。正業之外又創副業，將來累積的財富相當可觀。唯努力要加上有恆，才能永久享受甜蜜成果。

結婚紋有兩條。結婚紋多條並不代表結婚多次，而是以其中最長的一條為結婚紋。如結婚紋兩條長短粗細相同，才象徵可能有兩次婚姻。

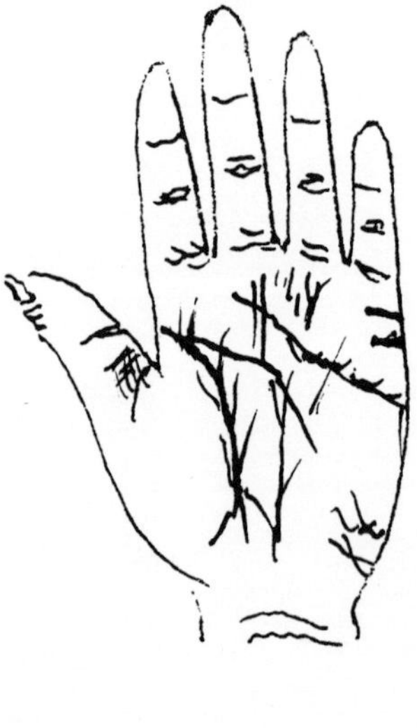

可能是太看重事業，忽略了夫妻情感，所以有第二次婚姻。如果決定不要結兩次婚，若干年後，下面的那條結婚紋會漸漸變淡、變短。這就是人定勝天。

掌紋會變，過一段時間後將會發現，現在的掌紋與過去的不同，未來的也會跟現在不同。

58

宗教信仰

求問者（女）大膽外向，又戀上上司，痴情地依賴對方。雖然兩人已發生性關係，可是對方並沒有認定兩人之間的關係。生命紋內側的痴情紋使她付出的多、回收的少，因此感情的痛苦多於快樂。

結了婚之後無法斬斷舊情，沒有真情對待丈夫，需要自我檢討。游走於兩個男人之間，絕對沒有好結果，唯其將

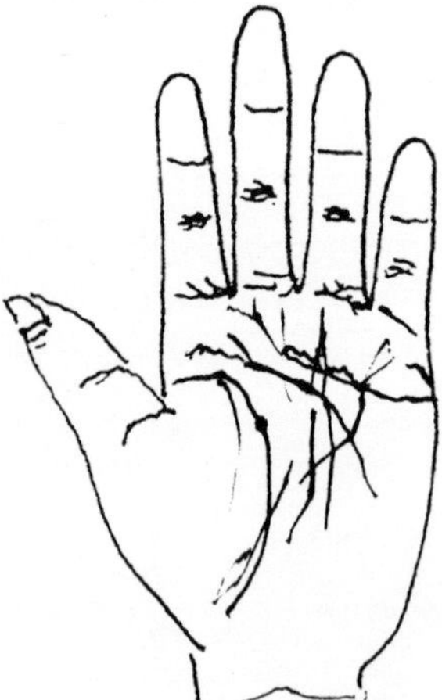

來身敗名裂，破壞兩個家庭。不如早作決定，斬斷舊情，重新建立新的家庭。忘了過去，一切重新開始，仍可以重享幸福與快樂的新生活。

以後複雜的掌紋會逐漸消失，心理亦漸趨單純。如覺自我的力量不夠，也可選擇宗教幫助，虔誠的信仰，可以使自己重生。

59

出國紋尾端島紋

求問者（男）在小指下方掌邊有多條橫紋，稱為「出國紋」，表示有遠方旅遊的機會。凡從事國外貿易、出國留學、出國旅遊者，都有這種掌紋。

在求問者的多條出國紋中，有一條尾端是島紋，代表目的不達。例如原來是要到某大學留學，卻因獎學金取消，留學計畫不成。

或者，本來身負特殊任務，攜帶祕

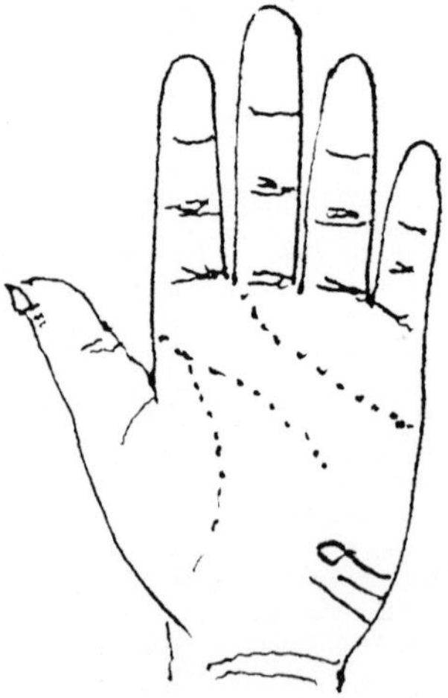

密文件給某人，但因對方已離開該地，導致祕密文件交不出去。

也有可能原是要到某地旅遊，可是途中盲腸炎發作，只好在當地醫院開刀住院，旅遊不成。

出國紋尾端島紋，象徵出國的目的不達，以上舉了三種可能的例子，也可以舉一反三，以接近事實的去推測，使掌紋的神奇更顯得不可思議。

60

有志者事竟成

求問者是個不斷努力求進步的女性，所以生命紋有很多向上的支線，這也表示很辛苦。

結婚紋靠近小指，很可能遲婚。做人要知足常樂，求問者對婚姻仍不知足，所以尾端分岔，老了會分房、分開住，但不會離婚。

很能幹，但不愛「現」；擅長理財，累積了不少財富，丈夫卻毫不知

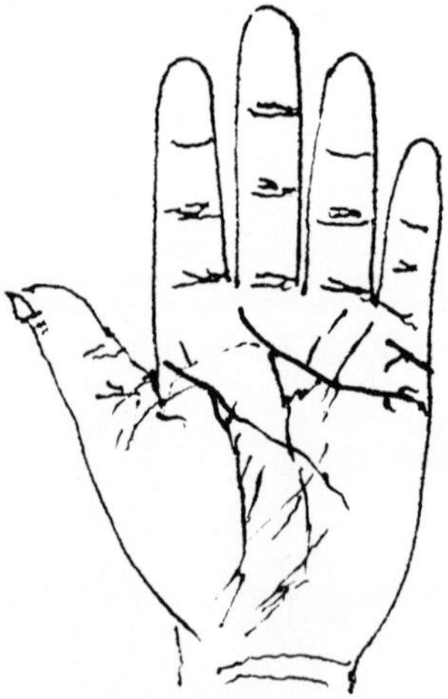

情。不斷努力是成功之道，台灣的教育，高中職都設有夜間部，稱補習學校；大學也有夜間部，尚有碩士班及博士班，念完畢業交出研究成果論文、論文審查合格，就可取得合格學位證書。

因此，不辭勞苦、不斷努力往上爬的性格，有志者終必事竟成，值得鼓舞！

61 缺鈣、牙齒容易蝕

求問者（男）的手指第二節看起來比較長，所以個性就像名字「宜農」，平時喜歡植物，擅於製作盆景。

要注意牙齒，容易蝕牙或得牙周病，所以每天要刷牙三次，每次刷牙要三分鐘，每三個月要看牙醫。

個性比較內向，做事謹慎小心，考慮頗為周到。雖然決斷慢，容易失去一些機會，但從穩健中獲得進步，

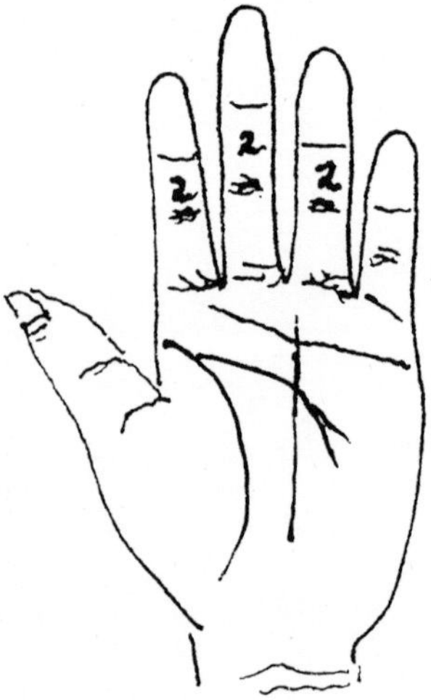

得到的不會失去。

因為體質可能缺鈣，所以牙齒容易出毛病，要多補充高鈣牛奶預防牙齒結石。

62

成敗自己決定

求問者個性就像是一匹沒有轡頭的野馬，兩手的生命紋和理智紋開頭都分開，一生酷愛自由不受拘束。

只要瞭解自己的個性，順著發展，走錯方向時加以導正，前程便可遠大，有不錯的發展。如以阻撓反對、使之就範，可能被認為是叛逆小子，將無出息可言。

可以一心兩用，小時候就可以邊看

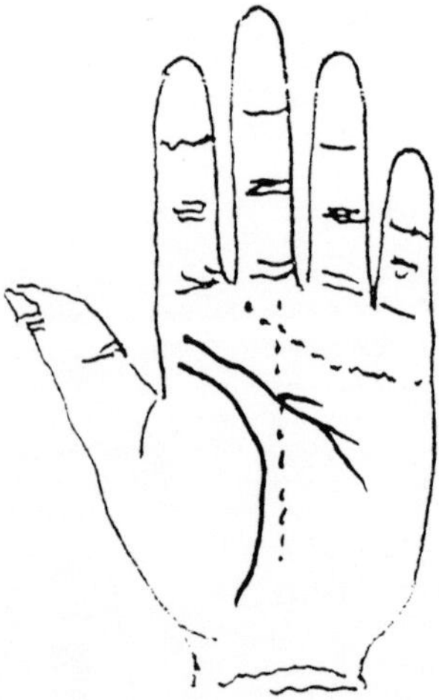

電視邊做功課，彼此毫無影響。不瞭解的人會認為他不專心向學，成績會退步。其實不然，從小學時成績始終維持在十名內便可得知。

學業、婚姻和事業都由著自己選擇，因此將來的成就也是自己可以決定。

寫在最後

中華民國一〇〇年，我已八十有八，發覺自己眼睛視力退化，患白內障，視物模糊；聽力也退化了，電話裡對方談些什麼，根本聽不清楚，所以如今已不敢再為人看相了。

《勞工之友》雜誌原為我闢有相術專欄，該雜誌由月刊緊縮為季刊，最後因經費支絀而停刊，相術專欄也就像紙鳶斷了線。

但最後發表的掌紋專欄，皆以一紋一文地詳細介紹，好比手相學的入門。因此，我希望這些文章能成書，以免散失可惜。

《中國時報》副刊於民國六十五年代登載我的相術文章，當時副刊編輯孫思照兄被有些讀者罵得狗血淋頭，說他提倡迷信，庸俗下流。然而，始作俑者卻成了開風氣之先，接著《聯合報》也推出慧心齋王的紫微斗數連載。如今，坊間相命書籍如過江之鯽，孫思照兄更是時報文化出版公司的董事長兼發行人，出版界龍頭公司的龍頭。

回首前塵，不知其味。這本《看相的故事》第五集，該是孫思照兄為飛雲山人出版的最後一本書了。

命理與人生131

看相的故事 第5集

作　者—飛雲山人
責任編輯—賴郁婷
內頁設計—陳文德
封面設計—黃思維
執行企劃—艾青荷
校　對—賴郁婷
董 事 長
發 行 人—孫思照
總 經 理—莫昭平
總 編 輯—林馨琴
出 版 者—時報文化出版企業股份有限公司
10803台北市和平西路三段二四〇號四樓
發行專線—（〇二）二三〇六—六八四二
讀者服務專線—〇八〇〇—二三一—七〇五
（〇二）二三〇四—七一〇三
讀者服務傳真—（〇二）二三〇四—六八五八
郵撥—一九三四四七二四時報文化出版公司
信箱—台北郵政七九～九九信箱
時報悅讀網—http://www.readingtimes.com.tw
電子郵件信箱—ctliving@readingtimes.com.tw
法律顧問—理律法律事務所　陳長文律師、李念祖律師
印　刷—盈昌印刷有限公司
初版一刷—二〇一一年九月二十三日
定　價—新台幣一八〇元
⊙行政院新聞局局版北市業字第八〇號

國家圖書館出版品預行編目（CIP）資料

看相的故事第5集／飛雲山人著；-- 初版.
-- 臺北市：時報文化，2011.09
面；　公分. --（命理與人生 ;131）

ISBN　978-957-13-5438-5（平裝）

1. 命相　2. 相宅

293　　100017574

ISBN　978-957-13-5438-5
Printed in Taiwan